De Kant à l'Afrique

Collection « Études africaines »

dirigée par Denis Pryen et son équipe

Forte de plus de mille titres publiés à ce jour, la collection « Études africaines » fait peau neuve. Elle présentera toujours les essais généraux qui ont fait son succès, mais se déclinera désormais également par séries thématiques : droit, économie, politique, sociologie, etc.

Dernières parutions

HOUEDANOU (Sessinou Emile), *La gestion transfrontalière des forêts en Afrique de l'Ouest,* 2015

EKANZA (Simon-Pierre), *Le Moronou, notre patrimoine, Géographie, Agriculture, et Sociétés,* 2015

KAYOMBO (Chrysostome Cijika), *La planification de l'éducation en Afrique, Mode d'emploi,* 2015

NGALIEU (Désiré), *La secondarisation de l'agriculture en Afrique subsaharienne : une clé pour l'émergence,* 2015

KIYINDOU (Alain), ANATE (Kouméalo), CAPO-CHICHI (Alain) (Dir.), *Quand l'Afrique réinvente la téléphonie mobile,* 2015

FAME NDONGO (Jacques), *Essai sur la sémiotique d'une civilisation en mutation. Le génie africain est de retour,* 2015.

TCHAKOTEU MESSABIEM (Liliane), *Droit OHADA - Droit français. La protection des créanciers dans les procédures collectives d'apurement du passif,* 2015.

AMBOULOU (Hygin Didace), *Le Droit des entreprises en difficulté dans l'espace OHADA*, 2015.

AMBOULOU (Hygin Didace), *Le Droit de l'arbitrage et des institutions de médiation dans l'espace OHADA*, 2015.

BASSÈNE (René Capain), *Casamance. Récit d'un conflit oublié (1982-2014)*, 2015.

Aaron Septime Nzengui

De Kant à l'Afrique

Réflexion sur la constitution républicaine en Afrique noire

Préface de Christian Berner

L'Harmattan

5-7, rue de l'Ecole-Polytechnique, 75005 Paris

http://www.harmattan.fr
diffusion.harmattan@wanadoo.fr

ISBN : 978-2-343-06999-9
EAN : 9782343069999

Aux Professeurs titulaires:
Abdoulaye Elimane KANE,
Ramatoulaye DIAGNE MBENGUE
du Département de Philosophie de l'Université Cheikh Anta Diop de Dakar, Sénégal.

PREFACE

Le travail de M. Nzengui a une double ambition. La première consiste à restituer l'analyse de Kant relativement à la nécessité morale et politique d'une constitution républicaine et les trois principes dont il la fait dépendre dans le premier article définitif de *Vers la paix perpétuelle* : « la *liberté* des membres d'une société (en tant qu'hommes) », « la *dépendance* de tous d'une législation commune » et enfin l' « *égalité* » des citoyens. En défendant ainsi un égal respect pour tous, qui ne prend son sens que dans la garantie d'un espace public, Kant semble bien fonder toute politique des droits de l'homme qui exige une forme démocratique et républicaine. L'actualité de ce texte de Kant a souvent été rappelée, ainsi que son efficacité, par exemple pour ce qui est de la fondation de la Société des Nations, tout comme la nécessité de le réajuster et de reformuler son idée, qu'il s'agisse de ce qu'on en peut tirer encore dans la fondation de l'Europe, comme l'ont montré, dans des perspectives distinctes, Jürgen Habermas[1] ou Jean-Marc Ferry[2], ou pour penser le cosmopolitisme à l'ère de la mondialisation.

La seconde ambition de M. Nzengui consiste à confronter ces analyses à la réalité politique africaine, et plus particulièrement au regard des constitutions établies sur lesquels s'appuient les États aujourd'hui. La question est alors moins celle de la légitimité de la pensée kantienne que de savoir si l'approche juridique de la paix chez Kant permet d'œuvrer à sa mise en place effective, conjuguant le juste et l'efficace, dans le contexte contemporain. Bien sûr, recourir à une philosophie non africaine, qui non seulement est d'un autre temps, mais encore d'un autre lieu, une philosophie politique d'Allemagne et du siècle des Lumières, pour régler les problèmes actuels de l'Afrique peut sembler ne pas tenir compte des contextes. Le projet politique kantien ne reste-t-il pas européocentré ? Qu'est-ce qui peut garantir que l'universalisme revendiqué par Kant ne soit pas simplement un ethnocentrisme élargi à l'universel ? Ces

---

[1] Jürgen Habermas, «Kants Idee des ewigen Friedens – aus dem historischen Abstand von 200 Jahren», in *Die Einbeziehung des Anderen*, Frankfurt am Main, Suhrkamp, 1999, p. 192-236.

[2] Jean-Marc Ferry, *Europe, la voie kantienne*, Paris, Cerf, 2005.

questions sont certes légitimes et invitent à ne pas confondre un humanisme essentialiste et un universalisme critique qui, dans la lignée des Lumières, articule les droits de l'homme et du citoyen, où c'est « en étant le membre d'une communauté politique particulière et en participant à la vie de celle-ci que les êtres humains voient effectivement leur dignité reconnue et préservée »[3]. Car en effet, si la substance concrète d'un universel se laisse difficilement définir, « la fonction qu'avait remplie l'universalité, l'idée du droit naturel (permettre l'évaluation des lois, et notamment la critique des lois injustes) semble du moins devoir être préservée »[4]. Et c'est à titre d'*idée* que l'on doit admettre que l'on est libre de saisir ou recueillir l'universalisme de la paix perpétuelle à titre d'élément contrefactuel permettant d'imaginer ce que l'on veut pour transformer et critiquer ce qui est. On peut ainsi concevoir que la pensée kantienne est à disposition de la réflexion[5]. Comme l'a montré par exemple Amartya Sen dans *L'Idée de justice*[6], les éléments nourrissant la réflexion critique peuvent être puisés ailleurs que dans le contexte immédiat. L'évaluation de la justice exige en effet le regard « aux yeux de l'humanité ». C'est là ce qu'exigeait au demeurant Kant, dans ses maximes du sens commun, invitant à se mettre à la place de chaque autre (Ak V, 294). Et c'est là que l'exigence de justice politique que formule M. Nzengui trouve son fondement. C'est là aussi ce que faisait Kant lui-même, reconnaissant qu'il fallait voir dans la « paix perpétuelle » quelque chose qu'on ne saurait rendre effectif que dans une « approximation infinie », à savoir quelque chose qui était avant tout une tâche et un devoir (*Aufgabe*) (Ak VIII, 386). Plus même, Kant affirme qu'aussi longtemps qu'on ne saurait démontrer l'impossibilité du progrès moral, notre devoir est de penser, voire d'imaginer dans l'histoire un progrès en faveur

---

[3] Alain Renaut, *Un Humanisme de la diversité. Essai sur la décolonisation des identités*, Paris, Flammarion, 2009, p. 272.

[4] *Ibid.*, p. 271.

[5] Voir Mark Hunyadi, *L'Homme en contexte*, Paris, Cerf, 2012.

[6] Amartya Sen, *L'Idée de justice*, trad. fr. Paul Chemla, Paris, Flammarion, 2012.

duquel nous pouvons nous engager[7]. Tel est le sens profond de l'*Idée d'une histoire universelle suivant une intention cosmopolitique* [*in weltbürgerlicher Absicht*], titre qu'il est maladroit de traduire « d'un point de vue cosmopolitique », parce qu'on en manque alors la pointe en risquant, comme l'avait fait Lyotard, de l'aplatir en n'en faisant qu'un « grand récit » : car pour Kant, si le philosophe veut *dire* quelque chose de l'avenir, il doit le *faire*[8]. En ce sens, il restera toujours nécessaire, comme le défend M. Nzengui, d'avoir une telle capacité de se « projeter » dans le cadre de ce qui n'est qu'une « *idée* » d'une histoire universelle qui verra s'établir le cosmopolitisme, la paix perpétuelle, même si l'histoire *réelle* paraît, en revanche, n'être « dans l'ensemble qu'un tissu de folie, de vanité puérile, souvent aussi de méchanceté puérile et de soif de destruction » (Ak VIII, 18). On sait que Kant posait la question de signes nous permettant de nourrir l'espoir d'un avenir meilleur, tout en sachant le développement de la raison attaché aux conditions empiriques et historiques. Mais il faut répondre à la question : peut-on raisonnablement penser que la paix pourra s'établir en sachant que nous ne sommes pas des « anges », c'est-à-dire qu'elle pourra se réaliser à travers un Etat démocratique, « même pour un peuple de démons (pourvu qu'ils aient un entendement)» (Ak VIII, 364), comme le dit Kant dans *Vers la paix perpétuelle*? L'enjeu de la question est: que m'est-il permis d'espérer ? Sous « la condition faible des hommes », suivant l'expression de la *Critique de la raison pure* (A 476), la raison suffit- elle pour nous guider ? C'est aussi la question qui guide

---

[7] Karl-Otto Apel le rappelle dans « Der Wahrheitsbegriff und die Realität der menschlichen Kultur», in *Paradigmen der Ersten Philosophie*, Berlin, Suhrkamp, 2011, p. 359-360. *Cf.* K.-O. Apel, « Kants philosophischer Entwurf: Zum ewigen Frieden als geschichtsphilosophische Quasi-Prognose aus moralischer Pflicht », *in* R. Merkel, R. Wittmann (éds.), *„Zum ewigen Frieden" Grundlagen, Aktualität und Aussichten einer Idee von Immanuel Kant*, Frankfurt am Main, Suhrkamp, 1996, p. 91-124.

[8] Immanuel Kant, *Le Conflit des facultés* : « Mais comment une histoire *a priori* est-elle possible? – Réponse: quand l'augure (*Wahrsager*) *fait* et organise lui-même les événements qu'il annonce à l'avance » (*Ak* VII, 79). Voir Heinz Dieter Kittsteiner, « Kants Theorie des Geschichtszeichens. Vorläufer und Nachfahren », *in* Heinz Dieter Kittsteiner, *Wir werden gelebt. Formprobleme der Moderne*, Hamburg, Philo, 2006, p. 59-101.

la réflexion de M. Nzengui. Et comme Kant, il pense que la justice doit être secondée par le droit. Comme Kant aussi, il pense que l'unique moyen de prendre soin de l'histoire et de préserver un certain futur, ou du moins d'espérer une fin heureuse, est d'user actuellement de la raison, au cœur de son temps.

Christian Berner
Université de Lille
UMR 8163 « Savoirs, textes, langage »

TABLE DES MATIERES

INTRODUCTION

Le troisième millénaire, après avoir suscité plusieurs espoirs, entre autres en Afrique, semble plutôt s'afficher sous le signe d'une dégradation profonde de ce que l'individu représente comme valeur. En effet, vivant dans un monde en pleine déliquescence comme en témoignent les multiples crises qui, d'une part, détériorent le climat socio-politique à l'échelle nationale ; et d'autre part, menacent la sécurité collective à l'échelle régionale et mondiale, et donc un monde en proie à l'émergence des passions, l'homme se retrouve plongé dans une sorte d'angoisse existentielle. Face à ce désarroi, il apparaît plus qu'urgent de réinterroger la rationalité politique telle qu'elle s'incarne dans la constitution républicaine ou simplement appelée républicanisme. L'auteur choisi et dont la pensée va servir de fondement à l'analyse de la société politique francophone africaine qui est l'objet de ce travail est Kant. Pourquoi Kant ? Parce que son républicanisme, en tant que théorie politique qui garantit les libertés individuelles, institue un régime d'égalité des droits et favorise l'émergence d'une justice sociale, dite justice distributive, sied le mieux avec les objectifs recherchés dans cette étude. Mais Kant n'est pas l'inventeur du républicanisme. Il s'agit d'une théorie ayant pris forme politiquement et socialement, en France par exemple, au sortir de la révolution de 1789 dont Kant a, lui-même, été témoin et admirateur, parfois critique[9]. Le républicanisme, dans son élaboration kan-

[9] - Kant avait approuvé le processus révolutionnaire français de 1789 qu'il qualifiait d'évènement de son temps qui prouvait la tendance de l'humanité vers le progrès. Cependant, il ne s'était pas privé de condamner le régicide, c'est-à-dire la mise à mort du roi, mieux, la décapitation du roi Louis XVI par les révolutionnaires. Il voyait dans cet acte l'expression de la barbarie absolue, et estimait que c'était au nom du droit de résistance ou droit de révolution que ce régicide avait été commis. Est-il besoin de rappeler que le droit de résistance est ce droit qui autorise l'individu à s'opposer à toute dérive autoritaire et arbitraire des gouvernants, en ayant recours à la révolution ou à la résistance. Et c'est ce droit que Kant avait dénoncé : « Toute tentative à cet égard (dans l'intention d'opposer une résistance à l'autorité suprême) est une haute trahison, et celui qui est un traite de cette espèce, cherchant à tuer sa patrie, ne peut être puni de rien de moins que de sa mort ». Voir sur ce, Alain Renaut, *Kant aujourd'hui*, Paris, Aubier, 2001, p.439. Dans la *Doctrine du*

tienne, apparaît en 1795 dans l'un de ses ouvrages ayant pour titre *Projet de paix perpétuelle*[10] dont les circonstances de publication entourent l'idée d'une quête de la paix sociale en Europe. En effet, c'est dans un contexte de tensions ouvertes connues par ce continent et suivies de négociations de paix que Kant intervient pour produire une esquisse philosophique orientée vers sa pensée politico-juridique. Plus précisément encore, c'est après les guerres conduites sous la révolution française, et au sortir de l'accord de paix de Bâle du 05 avril 1795 au cours duquel la Prusse (aujourd'hui Allemagne) reconnaissait à la jeune république Française le droit d'occuper les territoires de la rive gauche du Rhin, et au sortir aussi du traité de La Haye du16 mai 1795 qui stipulait que la Hollande cédait à la France la Flandre et Maastricht, que Kant publiait donc, au mois de septembre de la même année 1795 à Königsberg son ouvrage. Exposé de façon juridique, l'ouvrage se compose de deux sections contenant respectivement six articles préliminaires et trois articles définitifs en vue de la paix perpétuelle entre Etats. On y trouve aussi deux suppléments et deux appendices élargissant le débat à la question d'une articulation harmonieuse entre politique et morale. L'intention de Kant était, loin s'en faut, de poser les conditions d'une paix réelle non seulement dans l'histoire des individus, mais également dans celle des Etats et d'en préciser les modalités.

La présente étude se propose de procéder à un examen lumineux de l'un de ces articles définitifs de Kant, à savoir le premier, celui donc relatif à la constitution républicaine, autrement dit le républicanisme, en tant qu'il a structuré, organisé et rythmé la vie politique des Etats Africains. Ce républicanisme servira de matrice à la déconstruction d'une structuration politico-

---

droit, Kant critiquait déjà le droit de révolution : « La notion de droit de révolution est contradictoire en elle-même, car il n'y a de droit que là où le peuple se soumet à la volonté du souverain législateur de l'Etat ». Cf. *Doctrine du droit*, trad. Alain Renaut, Paris, GF Flammarion, 1994, p.136. Nous citerons désormais *D.D.*

10 - L'ouvrage est parfois traduit de nos jours sous le titre *Vers la paix perpétuelle*. Par exemple, la nouvelle traduction de Françoise Proust publiée chez Flammarion en 2006 porte le titre de *Vers la paix perpétuelle*.

sociale mue par l'appétit des honneurs, le clientélisme et la quête de l'intérêt individuel. A cet effet, la lecture et l'analyse des écrits politiques de l'auteur vont paraître importants à plus d'un titre d'autant qu'ils développent l'idée d'une société politique sereinement organisée et dont le contrat originaire n'avait pas pour vocation de mener l'homme vers sa déchéance. Cependant, il n'y a pas que le discours politique. Les écrits à caractère moral, à l'instar des *Fondements de la métaphysique des mœurs*, seront aussi d'un grand intérêt afin de mieux cerner toute la portée de ce travail. Celui-ci va s'articuler autour de deux grands axes. Le premier s'attellera à exposer la conception philosophique du républicanisme telle qu'élaborée par Kant, tout en n'omettant pas la présentation de l'Etat en tant qu'espace d'application du républicanisme. Mais le point focal de ce premier axe sera sans doute l'étude modestement menée autour des principes constitutifs du républicanisme que sont les principes de liberté, de dépendance, d'égalité, de séparation de pouvoir et de représentation. La liberté est un principe essentiel du républicanisme. Aussi, pense Kant, beaucoup de ceux qui l'ont défini, tels que des constituants français de 1789, se sont fourvoyés en disant d'elle qu'elle « consiste à pouvoir faire ce qui ne nuit pas à autrui »[11]. Au contraire pour l'auteur, dans *Vers la paix perpétuelle*, la liberté apparaît comme étant « l'autorisation de n'obéir à aucune autre loi extérieure que celles auxquelles j'ai pu donner mon assentiment ».[12] Il importe de comprendre que lorsqu'on se soumet à une loi à laquelle on a donné son assentiment, on ne se soumet qu'à sa propre volonté, et par là, on manifeste sa liberté. L'homme ne doit donc obéir ni aux penchants de la sensibilité affective ni aux injonctions provenant d'une volonté qui lui est extérieure, que ce soit celle du monarque à travers l'expression de sa tyrannie, ou celle de Dieu à travers la soumission aux dix commandements de la Bible. On parle alors d'autonomie de la volonté. De ce qui précède, il se

---

[11] - Kant, « Réflexions sur l'anthropologie », Cf. Monique Castillo, *Kant et l'avenir de la culture*, Paris, P.U.F.,1990, p. 290.

[12] - Kant, *Vers la paix perpétuelle,* trad. Françoise Proust, Paris, Flammarion, 2006, note citée par Françoise Proust, p.84. On rencontre cette même définition dans la *Doctrine du droit* : « la liberté légale de n'obéir à aucune autre loi que celle à laquelle le citoyen a donné son assentiment ». Cf. § 46.

dégage un rapport entre la liberté et la loi. Toutefois, convient-il de préciser que ce rapport n'est pas inhérent à Kant. Avant lui, Rousseau en avait déjà fait état en subordonnant la liberté à l'obéissance aux lois que l'on s'est prescrites[13]. Un autre principe, et non des moindres, du républicanisme est le principe d'égalité, celui qui établit l'égalité de droit entre tous les citoyens. En effet, Kant part de l'idée que si dans l'ancien régime certaines classes sociales bénéficiaient des privilèges reconnus juridiquement, le cas de la noblesse, en revanche dans le nouvel état politique, celui institué en se fondant sur la constitution républicaine, ces discriminations cessent d'avoir lieu ; et tous les citoyens deviennent égaux en droit. Le principe d'égalité établit, à cet effet, l'équité sociale permettant de faire tomber les barrières de la différence. Cependant, les clivages rencontrés dans l'Etat sont dus à la différence de talent, de mérite, d'activité, et même de chance.

Le second axe, quant à lui, aura pour tâche l'analyse de la société politique en Afrique francophone sub-saharienne. Il s'agira principalement de montrer, à la lumière des thèses kantiennes, que l'organisation politique dans certains Etats africains francophones entre 1960 et 1990 a débouché sur un constat d'échec, sur un bilan négatif. Car en théorie, on avait bien affaire aux républiques, mais en pratique, le mode de gestion de ces Etats était despotique. Le pouvoir était toujours sur ses gardes. Aussi, avaient été institués de véritables Etats policiers s'illustrant par de dénonciations de faux complots suivies d'arrestations abusives, de détentions arbitraires, d'actes de torture inouïs pour extorquer de faux aveux, des exécutions extra-judiciaires. Ce second axe révélera également la place prépondérante que doit désormais occuper la justice sociale dans les actions politiques des gouvernants.

---

[13] - Rousseau, *Lettres écrites de la Montagne*, (1764), in Œuvres complètes, t. III, la Pléade, éd. Gallimard, 1969, p. 841.

PREMIERE PARTIE

LE REPUBLICANISME DANS SA CONCEPTION PHILOSOPHIQUE

Le recours à Kant

CHAPITRE I : L'ETAT COMME ESPACE D'APPLICATION DU REPUBLICANISME

Le républicanisme doit s'entendre, ici, comme un mode de gestion de l'Etat à travers le respect de ses principes et de ses mécanismes institutionnels.

Mais qu'est-ce que l'Etat ?

I - Présentation de l'Etat

Le terme « Etat » (du latin *stare, se tenir debout*) renvoie à la notion de stabilité, de permanence et correspond à la *koinonia politikè* grecque (société civile) ou à la *res publica* romaine (la chose publique). L'acception moderne de l'Etat remonte à la renaissance, à une époque où le fondement divin de l'ordre social faisait l'objet d'une remise en cause. Ainsi, de plus en plus de penseurs politiques[14] postulaient le recours au modèle de la cité grecque ou à celui de l'empire romain comme alternative au système du pouvoir médiéval caractérisé par l'influence de l'église et le partage féodal de la souveraineté. C'est à ce titre que l'Etat devenait l'une des conquêtes de la modernité, en tant que phénomène ayant fait l'objet de réflexion et de systématisation. Aussi, apparaissait-il comme une création politique rationnelle permettant de déboucher sur la mise en évidence de trois conditions juridiques nécessaires pour signifier son existence : 1) un territoire permettant de situer l'Etat dans un espace et de définir la sphère d'exercice de ces compétences ; 2) une population résidant dans ce territoire et unie par des traits communs tels que la langue, les traditions, et aussi par la volonté de vivre en commun ; 3) une organisation politique et juridique pour renforcer les liens et faciliter la cohésion entre tous les

---

[14] - L'allusion est, ici, faite à Machiavel (1469-1527), à Martin Luther (1483-1546) qui, critiquant l'organisation du pouvoir de l'Eglise catholique sur la société civile, affirment la totale séparation entre le royaume de Dieu et celui du monde.

membres[15]. Assurément cette dernière condition conférait à l'Etat le statut de structure transcendant les groupes sociaux.

1) - La transcendance de l'Etat

Le terme « Etat », selon Bobbio[16], qui n'est pas une invention de Machiavel, s'est surtout imposé avec la parution en 1513 de son œuvre majeure : le *Prince*. A travers l'Etat, les hommes ont senti la nécessité de se regrouper pour envisager leur mieux-être. Or, il n'y a point de mieux-être sans présence du droit pour harmoniser les comportements inter-personnes. Du coup, l'Etat est de ce fait exigé comme un espace de sécurité, de liberté et de paix. A travers cette analyse, se dégage un sens positif de l'Etat qui l'admet comme l'espace incontournable de la réalisation de l'homme en tant qu'être de raison. C'est dans cet environnement que l'individu rencontre toutes les commodités nécessaires pour son épanouissement. D'ailleurs, Bobbio ne dit pas autre chose lorsqu'il affirme :

> En dehors de l'Etat règne le monde des passions déchaînées, des intérêts antagonistes et inconciliables, et que l'homme ne peut réaliser sa propre vie d'homme de raison que sous la protection de l'Etat. [17]

Ainsi l'Etat est-il pensé en termes de pouvoir d'ordre qui se dissimule derrière le droit.

Toutefois, il importe de préciser que l'Etat n'a pas totalement banni la violence étant donné que lui-même en fait usage pour le maintien de sa cohésion et selon les règles qu'il s'est données. On dit de lui qu'il détient le monopole de la violence légitime. C'est la thèse qu'avance Max Weber :

---

[15] - Cf. *Les institutions de la France*, 4è édition, Paris, Direction de l'information légale et administrative, 2013, p.7.

[16] - « Il est indéniable que le mot Etat se soit imposé grâce à la diffusion et au prestige du prince de Machiavel. [...] Ceci ne signifie pas pour autant que le mot ait été introduit par Machiavel ». Cf. Norberto Bobbio, *L'Etat et la démocratie internationale*, Bruxelles, éd.Complexe, 2001, p. 203.

[17] - *Idem*, p. 262.

> Il faut concevoir l'Etat contemporain comme une communauté humaine qui, dans les limites d'un territoire déterminé- la notion de territoire étant une de ses caractéristiques- revendique avec succès pour son propre compte le monopole de la violence physique légitime. Ce qui est en effet le propre de notre époque, c'est qu'elle accorde à tous les autres groupements, ou aux individus, le droit de faire appel à la violence que dans la mesure où l'Etat le tolère : celui-ci passe donc pour l'unique source du droit à la violence.[18]

A travers cette violence, d'une part, et d'autre part, considéré comme une structure qui transcende les groupes sociaux, l'Etat a pour vocation d'arbitrer leurs différends ou de régler les conditions de leurs accords. L'avènement de la sérénité sociale et de la paix n'est possible qu'à cette condition. Voilà pourquoi l'on présente l'Etat comme l'instrument nécessaire du maintien de l'ordre social, au service de l'intérêt de tous, c'est-à-dire de la société dans son ensemble. Mais cette thèse de l'Etat, en tant qu'entité au service de tous, a été récusée par Karl Marx et Philip Pettit.

2) - Esquisse d'une critique de l'Etat

Nous n'oublierons pas la critique formulée par Karl Marx visant à remettre en cause la transcendance de l'Etat. En effet, selon lui, cette transcendance dont se proclame l'Etat par rapport aux groupes sociaux est illusoire. Car l'Etat est bel et bien partie prenante dans les conflits qui agitent la société. Il (l'Etat) est au service de la classe dominante[19].

Philip Pettit pour sa part, en mettant en exergue les principaux reproches adressés à l'Etat moderne par le multiculturalisme[20], n'a fait qu'emboîter le pas à Marx. En effet, selon le

---

18 - Max Weber, *Le savant et la politique*, Paris, trad. J. Freund, Ed. Plon, 1959, p. 100-101.

19 - Marx et Engels, *l'Idéologie allemande*, éd. Sociales, 1966, pp. 49-50.

20 - Philip Pettit désigne par multiculturalisme, la tradition de défense des droits des minorités ou des indigènes. Cf. *Républicanisme, une théorie de la liberté et du gouvernement*, Paris, Gallimard, 2003, p.189.

multiculturalisme, l'Etat moderne est établi selon des préceptes qui ne tiennent compte, en partie, que des intérêts de la classe dominante. Voilà de quelle manière se formule cette critique :

> D'une manière générale, l'Etat moderne s'organise autour de présupposés liés à la culture dominante : les affaires sont gouvernées dans la langue de cette culture ; les habitudes liées à la religion de la culture dominante sont favorisées ; l'image de la vie normale projetée par l'Etat est tirée de cette culture ; l'Etat fonctionne avec une législation qui ne prend son sens qu'en rapport avec les pratiques de cette culture, et ainsi de suite.[21]

Pour le multiculturalisme, le fonctionnement de l'Etat est à l'image de la classe dominante. Les lois sont certes, par exemple, identiques pour tous, mais elles résultent des stratagèmes de la classe dominante ; même les éléments culturels qui tendent à s'imposer comme normes de référence à la société tout entière sont issus de la classe dominante. La conséquence qui en découle est que les minorités, qu'elles soient ethniques, religieuses, sexuelles ou autres, voient dans cet envahissement de la culture de la classe dominante une forme d'exclusion dont elles sont victimes. Or, si l'Etat moderne est orienté vers l'application intégrale des principes de liberté et d'égalité, alors on s'acheminera vers la satisfaction des intérêts de ceux qui appartiennent aux cultures minoritaires, en faisant ainsi disparaître la domination dont ils font l'objet. Car c'est toujours en fonction de son appartenance à un groupe ou à une certaine classe qu'une personne est dominée. Dans ce sens, nous constatons qu'un individu est vulnérable en tant qu'il est de race noire, ou en tant qu'il est de sexe féminin, ou en tant qu'il est âgé, ou démuni.

L'Etat moderne, pour éviter toute discrimination génératrice des tensions, devrait donc aussi se préoccuper des besoins des personnes issues des cultures minoritaires en leur accordant une attention soutenue et même une aide particulière de telle sorte que cet Etat soit en phase avec l'idéal républicain du bon ci-

---

[21] - *Idem*

toyen vivant dans une bonne constitution comme l'aurait souhaité Kant. Le bon citoyen est celui qui a été policé par l'éducation et qui connait où commencent et s'arrêtent ses droits et devoirs. Quant à la bonne constitution, elle est celle qui crée les conditions de l'épanouissement de l'homme à travers la mise en place d'un certain nombre de principes dont ceux de liberté et d'égalité qui seront explicités dans les chapitres ultérieurs de ce travail. Mais pour l'instant, contentons-nous d'examiner l'approche kantienne de l'Etat.

II - Approche kantienne de l'Etat

La conception kantienne de l'Etat moderne intègre sa philosophie de l'histoire et trouve son origine dans le modèle de l'école du droit naturel dont Kant lui-même est considéré comme l'un des représentants. L'école du droit naturel se propose de rendre intelligible l'origine et le fondement de l'état moderne en recourant à un état pré-politique : l'état de nature. Il ne serait donc pas vain de partir de l'école du droit naturel pour mieux appréhender Kant.

1)- L'école du droit naturel

L'école du droit naturel désigne un ensemble de penseurs politiques qui ont situé l'origine de l'Etat moderne dans un état pré politique. Il s'agissait pour eux d'enquêter sur les origines de la société civile pour découvrir si c'est la nature ou simplement la convention qui est à l'origine du mal ou du bien. Ils parviendront, avec des variations, à la conclusion selon laquelle le mal est caractéristique d'un type d'état : l'état de nature ; et que le bien est le propre d'un autre état, l'état politique.

L'école du droit naturel, dans sa conception moderne, prend sa source dans les travaux de Thomas Hobbes, considéré comme l'initiateur de la science politique moderne. Norberto Bobbio fait état d'un modèle de l'école du droit naturel pour désigner une conception nouvelle de la théorisation rationnelle de l'Etat qui émane de certains philosophes :

> Je parle à ce sujet non pas d'auteurs politiques au sens large, mais de philosophes politiques, afin de faire référence aux écrivains en matière politique qui poursuivent la construction d'une théorie rationnelle de l'Etat à partir d'une théorie générale de l'homme et de la société - ou, en tout cas, en s'appuyant sur celle-ci-, de Spinoza à Locke, de Pufendorf à Rousseau, de Kant au premier Fichte et à la myriade des kantiens mineurs qui ont marqué la fin de l'école du droit naturel.[22]

Le modèle de l'école du droit naturel se construit sur le couple état de nature-état politique. Bobbio a tracé les grands traits caractéristiques de cette école. Il pense qu'il existe, selon les partisans de l'école du droit du naturel, un rapport d'opposition entre l'état de nature et l'état politique. L'état de nature traduit une situation dont les éléments constitutifs sont des individus singuliers qui ne sont pas associés, mais qui jouissent d'une liberté réciproque au point où cet état est parfois considéré par les uns comme un état de liberté et d'égalité, et par les autres comme un état d'inimitié. Une autre caractéristique concernant l'école du droit naturel avancée par Bobbio est la suivante :

> Le passage de l'état de nature à l'état civil ne se produit pas nécessairement par la force même des choses, mais grâce à une ou à plusieurs conventions, c'est-à-dire grâce à un ou à plusieurs actes volontaires et délibérés des individus intéressés à sortir de l'état de nature.[23]

La conséquence qui en découle est que l'état civil est pensé en termes d'état artificiel ou comme un produit de la culture et non celui de la nature. Pour rester dans les caractéristiques de l'école du droit naturel, il est à noter que, selon celle-ci, l'élément principal de légitimation de la société civile est le consentement (chacun consent à confier sa force à un tiers, et celui-ci va en retour leur assurer la sécurité et la liberté) à la différence de ce qui se passe dans n'importe quelle forme de

---

22- Norberto Bobbio, *L'Etat et la démocratie internationale*, éd. Complexe, Bruxelles, 2001, p.57.
23- *Idem*, p.58.

société naturelle, et notamment dans la société familiale et dans la société seigneuriale[24]. Bobbio a résumé les idées les plus décisives de cette école. D'abord celles en rapport avec l'état de nature :

> a) savoir si l'état de nature représente un état historique ou seulement imaginé ; b) savoir si c'est un état de paix ou de guerre ; c) savoir si c'est un état de solitude, au sens où chaque individu y vivrait pour son compte, sans avoir besoin des autres, ou si c'est un état social.[25]

Il y a ensuite les idées relatives à la nature des contrats placés au fondement de la société civile :

> a) savoir si le contrat social est un contrat des individus entre eux au bénéfice de la collectivité ou bien en faveur d'un tiers ; b) savoir si le contrat des individus entre eux – le pacte d'association – doit être suivi d'un second contrat entre le peuple et le prince, le pacte de soumission ; c) savoir si le ou les contrats, après avoir été stipulés, peuvent être résiliés et sous quelle condition- c'est-à-dire si la conséquence de l'acte de transmission du pouvoir des individus isolés au peuple ou du peuple au prince doit être conçue comme une aliénation permanente ou comme une délégation temporaire- ; d) savoir si l'objet du ou des contrats est une renonciation totale ou partielle aux droits naturels.[26]

Bobbio évoque en fin une autre idée décisive qui a fait l'objet de débats entre tenants de l'école du droit naturel, à savoir celle qui porte sur la nature du pouvoir politique. Il s'agit de savoir si ce pouvoir est absolu ou limité, inconditionnel ou conditionnel, indivisible ou divisible, irrévocable ou révocable, etc. [27]. En dépit de ces variations, il est à noter que les éléments élaborés par l'école du droit naturel sur les fondements du pouvoir politique restent inchangés. Il s'agit pour l'essentiel de l'état de nature, du contrat social et de l'état civil.

24- *Idem*

25- *Idem*, p.59.

26- *Idem*

27- *Idem*

Mais la conception rationaliste de la construction de l'Etat qui trouve son origine chez Hobbes et partagée par les membres de l'école du droit naturel est loin de faire l'unanimité. C'est dans ce sens d'ailleurs que naîtra une nouvelle approche de l'intelligibilité, mieux, de la compréhension du fondement du pouvoir politique : la conception historico-sociologique, celle qui prend ancrage dans la pensée d'Aristote. L'approche historico-sociologique passe en revue un certain nombre de thèmes examinés par l'école du droit naturel et propose une analyse diamétralement opposée. Ainsi selon cette approche, le point de départ des fondements de l'autorité politique n'est pas un hypothétique état de nature dans lequel les hommes auraient vécu avant la constitution de l'Etat, mais une société naturelle originelle[28], à savoir la famille, qui se présente comme une forme spécifique, concrète, historiquement déterminée de société humaine[29]. Quant aux rapports antithétiques entre la famille et l'Etat, la conception historico-sociologique affirme qu'il n'existe pas des rapports opposés entre les deux formes de sociétés, mais une continuité, un développement ou un progrès, au sens où l'homme est passé de l'état familial à l'état civil à travers une succession de phases intermédiaires qui font de l'Etat non pas l'antithèse de l'état pré-politiqué, « mais plutôt son débouché naturel »[30] ; toujours selon cette conception, l'état pré-politique (la famille) ne traduit pas une existence d'isolement pour les individus car ceux-ci vivent en groupes organisés. Dès lors, l'Etat devient un rassemblement des familles ; de plus, l'état pré-politique n'est pas un état de liberté et d'égalité naturelles, mais un état dans lequel les rapports fondamentaux existant à l'intérieur d'une société hiérarchique comme l'est la famille sont des rapports de supérieur à inférieur, comme le sont presque toujours les rapports entre le père, la mère et les enfants, « ou entre le maître de maison et ses serviteurs »[31].

---

[28]- *Idem*, p. 63.
[29]-*Idem*
[30]-*Idem*
[31]- *Idem.*

Si pour l'école du droit naturel, le passage de l'état pré-politique à l'Etat se fait moyennant un contrat social, en revanche pour la conception historico-sociologique, ce passage ne relève pas d'une convention, c'est-à-dire d'un acte volontaire et délibéré (contrat), mais advient sous l'effet de causes naturelles, comme par exemple l'agrandissement de territoire, la croissance de la population, les besoins défensifs, les « nécessités de se procurer les moyens de subsistances indispensables, etc., »[32].

Voilà évoquées quelques grandes thèses contradictoires qui caractérisent le débat sur la théorie de l'Etat entre l'école du droit naturel et les partisans de l'approche historico-sociologique. Mais pour ce travail, nous suivons la théorie contractualiste, celle derrière laquelle s'est rangé Kant, à savoir celle de l'école du droit naturel qui intègre l'état de nature dans son analyse.

2) - L'état de nature chez Kant

L'expression « état de nature », rappelons-le, n'est pas une invention kantienne. On situe son origine dans les œuvres de Grotius. Jean-Fabien Spitz le dit avec netteté en déclarant qu'« au début du XVII e siècle avec Grotius d'abord puis avec Hobbes, la philosophie politique moderne se bâtit autour de deux concepts clés : l'état de nature et le contrat social ».[33] Ainsi de Grotius à Kant, en passant par Hobbes, Locke, Rousseau, l'état de nature a été un argument souvent utilisé dans l'intelligibilité de l'histoire de l'homme en train de se faire homme, autrement dit, quittant l'état brut à la civilité.

La conception kantienne de l'état de nature ne peut mieux s'appréhender qu'à la lumière de l'histoire. L'histoire que prend en charge la philosophie de Kant, comme celle de Rousseau, ne porte pas sur un individu particulier, ou sur une communauté singulière mais sur «la totalité des hommes unis en société sur

---

32- *Idem*, p.64.

33- Jean-Fabien Spitz, « Etat de nature et contrat social », in *Dictionnaire de Philosophie Politique,* Paris, P.U.F, 1996, p. 234.

terre et répartis en divers peuples »[34]. Cette histoire n'est autre que l'histoire universelle. Une histoire universelle n'est pas un catalogue des faits sur tout ce que nous savons sur l'humanité, mais un effort d'intelligibilité du développement général des sociétés humaines. C'est d'ailleurs cette perspective que revêt la philosophie de l'histoire en tant que branche de la philosophie qui s'attache à réfléchir sur le sens et sur les finalités du devenir de l'espèce humaine.

L'idée d'écrire une histoire universelle comportant un point d'ancrage et un point final n'a pas été partagée par tous les peuples. Chez les Grecs, par exemple, l'histoire avait une dimension cyclique. Elle s'inscrivait dans une sorte d'éternel retour. Francis Fukuyama affirme à cet effet:

> Ni Platon ni Aristote ne croyaient à la continuité de l'histoire. Ils pensaient que les cataclysmes naturels comme les inondations éliminaient périodiquement non seulement toutes les sociétés humaines existant à la surface de la terre, mais aussi leur souvenir, forçant les hommes à recommencer le processus historique à partir du début.[35]

Par contre, les premiers essais d'histoire universelle du monde occidental s'inscrivant dans une perspective linéaire ont été l'œuvre du christianisme. En effet, la doctrine chrétienne a introduit le concept d'une histoire qui était finie dans le temps, commençant avec la création de l'homme par Dieu et se terminant par sa rédemption. Pour les chrétiens, la fin de l'histoire terrestre serait marquée par le jour du jugement dernier qui ouvrirait le royaume des cieux, et dans un tel contexte, la terre et les événements terrestres cesseraient « littéralement d'exister »[36]. Cette conception de l'histoire selon les chrétiens prouve à suffisance le caractère linéaire du processus historique. Mais le travail de fond entrepris en vue d'établir une histoire universelle à caractère philosophique placée entre deux bornes

---

34- Kant, *Opuscules sur l'histoire*, trad. S. Piobetta, Paris, GF Flammarion, 1990, p. 204.

35- Francis Fukuyama, *La fin de l'histoire et le dernier homme*, traduit de l'anglais par Denis-Armand Canal, Paris, Flammarion, 1992, p. 82.

36- *Idem*

(le conflit et la réalisation de la liberté) est l'œuvre de Kant. Fukuyama écrit dans ce sens :

> Les efforts les plus sérieux pour écrire une histoire universelle ont toutefois été entrepris par la tradition idéaliste allemande. L'idée fut lancée par le philosophe Emmanuel Kant dans un essai de 1784, "Idée d'une histoire universelle d'un point de vue cosmopolitique".[37]

Kant était conscient que les événements du monde dans lesquels l'homme était lié semblaient ne présenter en apparence aucun schéma d'organisation. Et il se mit à suggérer pour l'histoire universelle un objectif terminal (impliquant plusieurs étapes dont l'état de nature) qui se traduirait par la réalisation de la liberté. Cette liberté ne peut avoir de sens que dans un espace politique régi par la constitution républicaine, encore appelée le républicanisme.

La philosophie de l'histoire de Kant met donc en première ligne le processus évolutif de l'espèce humaine. Ce processus, en interrogeant le texte kantien des « Conjectures »[38], a pour borne de départ l'état de grâce, d'abondance que Kant a appelé le « Jardin », par référence au jardin d'Eden dans la Bible ; lieu « où la nature pourvoit abondamment à sa nourriture »[39] , celle de l'homme, et qui le situe à l'abri des attaques des bêtes féroces. Le « Jardin » est ici assimilé au paradis. Quant à la borne d'arrivée, Kant la situe, dans l'état politique, lieu de réalisation de la liberté. Ces deux bornes définissent le progrès du genre humain qui le conduit de l'animalité à la civilité.

Le début de l'histoire du genre humain se situe donc dans un paradis, selon le texte kantien des « Conjecture.. ». C'est une forme d'état où l'homme mène une existence sans peine. Il n'a pas encore pris conscience de sa liberté, mais vit dans le bonheur. Ici, la nature ne manifeste pas son hostilité envers

---

37- *Idem*, p.84.

38 - Il s'agit des « Conjectures sur les débuts de l'histoire humaine », livre publié en 1786.

39- Kant, « Conjectures sur les débuts de l'histoire humaine », in *Opuscules sur L'histoire,* Paris, Flammarion, 1990, p.147.

l'homme, mais sa clémence. A ce premier stade de son histoire, il est encore tout entier nature, animalité. Dans ce sens, il n'est guidé que par l'instinct, « cette voix de Dieu, à laquelle tous les animaux obéissent »[40]. L'instinct est, dans cet état paradisiaque, la faculté qui détermine et oriente l'action de l'homme. Se placer sous l'unique conduite de l'instinct, c'est être considéré comme un homme-animal, certes, mais un homme heureux parce que vivant dans l'ignorance et dans l'innocence. Ici, la méchanceté, considérée comme étant le caractère du genre humain est toujours en puissance et non en acte. Celle-ci n'interviendra qu'avec l'éveil de la raison qui aura pour cadre l'état de nature.

L'histoire de l'homme, qui est l'histoire du progrès de la liberté, ne commence donc pas, à en croire, le texte kantien des « Conjectures... » avec toute la brutalité, toute l'inimitié à l'endroit de son semblable que Hobbes évoque. Car dans le « Jardin », lieu de départ de cette histoire de l'homme, l'instinct naturel n'éveille en lui que les besoins les plus essentiels pour la conservation de son être. Ces désirs sont dans ce sens limités, et par conséquent la concurrence, source du conflit, n'existe pas. Dans cet état, l'homme est déjà détenteur de toutes ses facultés physiques. Gérard Raulet déclare à ce propos :

> L'homme de Kant est en ce sens un homme qui sait se tenir debout et marcher, parler, même discourir, lier des idées entre elles, donc penser ; une note précise même qu'il possède un "instinct de communication "qui l'oriente a priori vers ses semblables.[41]

Mais la genèse de l'histoire concerne l'espèce humaine en tant qu'espèce morale. Kant précise qu'il prend l'homme au moment où celui-ci est déjà en possession de ses aptitudes naturelles ; et il se propose de ne mettre en exergue que la perspective morale. Ainsi dans le « Jardin », en se laissant conduire par l'instinct naturel, le caractère de l'homme ne constitue aucunement une menace pour son semblable et son existence se trouve

---

40- *Idem*, p.148.

41 - Gérard Raulet, *Kant, histoire et citoyenneté*, Paris, P.U.F, 1996, p.64.

être paisible[42]. Mais avec l'éveil de la raison, l'homme prend conscience de l'existence d'un ensemble des penchants qui le conduisent à désirer au-delà de ce que l'instinct lui propose : c'est la deuxième étape du processus évolutif de l'espèce humaine, c'est-à-dire la chute de l'homme dans l'histoire. Cette chute marque l'avènement de l'état de nature. En ce lieu, son existence est loin d'être sereine car des difficultés de tout ordre commencent à surgir. L'homme n'est plus qu'un être de soucis et de peines. Kant écrit dans ce sens :

> La nature l'a chassé de l'existence d'innocence enfantine tranquille, comme d'un jardin où il trouvait dans l'insouciance sa substance, et l'a précipité dans le vaste monde, où tant de soucis, de peines, de maux inconnus l'attendaient.[43]

La chute de l'homme dans l'histoire doit être interprétée comme le passage du « Jardin », c'est-à-dire du paradis à l'état de nature. Kant considère l'état de nature comme un lieu de punition et de perdition pour l'homme. Dans cet état, l'homme fait la découverte de la liberté. Mais il s'agit pour Kant d'une liberté sauvage sans loi, contrairement à la liberté légale, celle en vigueur dans l'état civil. La liberté légale est un attribut de l'homme qui prend forme et sens juridique avec l'instauration de la loi. Dans l'état de nature, compte tenu de l'existence de l'insécurité qu'on y trouve, et donc du mal, la recherche de la liberté par le biais de la paix devient une priorité. Du coup, l'histoire de l'homme en partant de l'état de nature pour l'état civil devient l'histoire de la liberté. L'histoire de la liberté s'origine donc dans l'état de nature avec son cortège de maux. Dans cet état, le mal devient une caractéristique qui permet d'identifier l'homme. Kant soutient que c'est un état dans lequel les hommes prennent pour maxime la violence et font preuve d'une méchanceté en devenant nuisibles à autrui. Il s'agit, selon lui, d'un état caractérisé par « l'absence du

---

42 - Kant, « Conjectures… », in *Opuscules sur l'histoire*, Paris, Flammarion, 1990, p.148.
43- *Idem*, p.153.

droit »[44], où il n'y a au-dessus des hommes aucun pouvoir coercitif dont la finalité serait de leur imposer la paix par la contrainte.

De même que Hobbes et Rousseau, Kant va considérer l'état de nature comme une simple hypothèse de travail. Il s'agit d'un état n'ayant eu aucune existence concrète, mais dont l'évocation apparaît importante pour appréhender l'avènement de l'état politique actuel. L'état de nature chez Kant est donc cet état où chacun se retrouve auteur de sa propre loi, et ne reconnaît pas une loi extérieure à laquelle, avec tous les autres, il se soumet. Cette absence de loi commune à tous laisse alors libre cours à tout affrontement. L'état de nature est, dans ce sens, un état de guerre généralisée. Cet environnement conflictuel est cependant loin de satisfaire l'homme. Car il trouve nécessaire le lien avec autrui pour le développement de ses facultés. Vivant donc dans la violence et l'injustice, et connaissant d'autre part les avantages à tirer de la sociabilité (la paix et la sérénité), l'homme n'est pas tenu de demeurer pendant longtemps dans l'état de nature. Cet état est contraire à son épanouissement en raison des besoins nouveaux qui apparaissent : la cupidité, l'égoïsme, la soif de possession et de domination, etc. Aussi, l'homme est-il amené à postuler un autre état capable de lui garantir les conditions nécessaires de l'amélioration de son existence. Cet état, pour Kant, ne sera rien d'autre que l'état politique ou civil.

3) - L'état civil kantien

L'époque moderne voit apparaître une forme nouvelle d'organisation politique pensée et systématisée : l'Etat. De ce fait, il (l'Etat) cesse d'être une émanation divine ou une construction naturelle conçue à partir d'un processus qui commence avec la famille. C'est surtout avec Hobbes (1588-1679) qu'apparaît la première tentative d'élaboration d'une théorie rationnelle de l'Etat à partir de l'idée de contrat. Cette idée de contrat n'est pas née avec Hobbes, encore moins avec Kant.

[44]- Kant, *Doctrine du droit,* traduction A. Renaut, Paris, GF Flammarion, 1994, p. 127. A titre de rappel, nous citerons désormais *D.D.*

Selon Denis Collin[45], le contrat, considéré comme fondement de la légitimité de l'autorité politique, émerge à la renaissance avec des hommes comme Théodore de Bèze (1519-1605) recteur de l'Académie de Genève. Cette idée renvoie à deux types de contrat :

1. le contrat entre les individus qui forment une communauté ou une société (contrat d'association);
2. le contrat entre le monarque et ses sujets (contrat de soumission).

Mais Hobbes va s'approprier cette idée. Ainsi dans son ouvrage intitulé *Léviathan*, publié en 1651, il conçoit le contrat à partir d'un exposé de la condition de l'homme à l'état de nature, c'est-à-dire avant la constitution d'un état civil. Rappelons brièvement quelques traits caractéristiques de l'état de nature chez Hobbes. En effet, l'état de nature est un état de guerre permanente de tous contre tous. Tout homme cherche à se conserver ; or, à l'état de nature, l'homme est libre d'utiliser comme bon lui semble tous les moyens à sa disposition pour assurer cette conservation. Cette liberté illimitée conduit à la guerre interminable, l'homme devenant un loup pour son semblable. L'état de nature est donc un état de passions non régulées que sont l'appétit de domination sur son *alter ego* et la peur de la mort violente du fait d'autrui. Cette lutte de chacun pour sa survie met incessamment en danger la vie de tous. C'est la nécessité de sortir de cet état de conflit qui pousse les hommes à passer entre eux un contrat, par lequel ils se dessaisissent de leur liberté naturelle, de leur autonomie (pouvoir de se donner à soi-même sa propre loi), pour la transférer à un tiers, le souverain [46] et sous la réserve que ce dernier va assurer la paix et la sécurité commune. Mais un contrat est une entente dont les termes peuvent être violés. C'est pourquoi Hobbes donne au Léviathan[47],

[45] - Denis Collin, *Les grandes notions philosophiques*, Paris, éd. du Seuil, 1997, p. 30.

[46] - le souverain peut être un homme ou une assemblée.

[47] - Hobbes désigne par Léviathan l'état civil, mais aussi l'image du souverain, en référence au monstre biblique. Cf. Job, chapitre 41, verset 24. La traduction Louis Segond de la Bible dit précisément ceci : « *Sur terre nul n'est son maître ; il a été créé pour rien craindre* ».

au souverain, un énorme pouvoir coercitif : par la peur qu'il inspire à ses sujets, le Léviathan doit décourager quiconque de violer le contrat, ceci dans le but que le Bien commun soit préservé et que chacun agisse non pas dans son unique intérêt, mais dans celui de tous. Il a, dans ce sens, le pouvoir d'appliquer à sa guise le principe du monopole de la contrainte physique légitime: si quelqu'un nuit à la société, il doit être sanctionné. Ainsi la condition civile, par opposition à l'état de nature, exige donc un pouvoir établi, apte à contraindre ceux qui violeraient les termes du contrat. La relation entre les hommes est réciproque tandis que la relation avec le souverain ou le Léviathan est unilatérale. Le souverain est donc absolu. C'est dans le texte ci-dessous que Hobbes traduit l'idée de contrat qui apparaît, avec l'institution d'un pouvoir cœrcitif commun, comme une solution au problème de la guerre dans l'état de nature :

> La seule façon d'ériger un tel pouvoir commun, apte à défendre les gens de l'attaque des étrangers et des torts qu'ils pourraient se faire les uns aux autres, et ainsi à les protéger de telle sorte par leur industrie et par les productions de la terre, ils puissent se nourrir et vivre satisfaits, c'est de confier tout leur pouvoir et toute leur force à un seul homme, ou à une seule assemblée, qui puisse réduire toutes leurs volontés, par la règle de la majorité, en une seule volonté. Cela revient à dire : désigner un homme, ou une assemblée, pour assumer leur personnalité, que chacun par conséquent soumette sa volonté et son jugement à la volonté et au jugement de cet homme ou de cette assemblée. Cela va plus loin que le consensus ou concorde : il s'agit d'une unité réelle de tous en une seule et même personne, unité réalisée par une convention de chacun avec chacun passée de telle sorte que c'est comme si chacun disait à chacun : j'autorise cet homme ou cette assemblée, et je lui abandonne mon droit de me gouverner moi-même, à cette condition que tu lui abandonnes ton droit et que tu autorises toutes ses actions de la même manière. Cela fait, la multitude ainsi unie en une seule personne est appelée une république, en latin civitas. Telle est la génération de ce grand LEVIATHAN, ou, pour en parler avec plus de révérence, de ce dieu mortel, auquel nous devons, sous le Dieu immor-

> tel, notre paix et notre protection. [...] Le dépositaire de cette personnalité est appelé souverain, et l'on dit qu'il possède le pouvoir souverain ; tout autre homme est son sujet.[48]

Ce texte ci-dessus est une théorie politique de Hobbes qui traduit l'essentiel de sa construction de l'Etat où, curieusement, l'homme n'est pas considéré comme un citoyen, mais demeure sujet. Il semble que c'est la perspective sécuritaire dans le nouvel état politique qui a nécessité, chez Hobbes, le renforcement des pouvoirs du Léviathan au détriment des sujets.

La systématisation de l'Etat kantien rejoint celle de Hobbes, et donc celle de l'école du droit naturel. Pour cette école, rappelons-le, l'avènement de l'état moderne obéit à deux conditionnalités :

- le départ de l'homme de l'état de nature, considéré comme un état d'insécurité ;
- l'adoption du contrat que Kant nomme originaire, que Rousseau appelait contrat social.

Il revient donc à l'homme, dira Kant dans la *Doctrine du droit*, de quitter l'état de nature où chacun n'en fait qu'à sa tête et s'associer à tous les autres dans le but de se soumettre à la contrainte publique de lois extérieures[49]. L'homme doit donc partir de l'état de nature pour entrer dans l'état civil :

> Il faut entrer dans un état où soit défini légalement pour chacun ce qu'il doit reconnaître pour sien et où il obtienne ce qui lui revient grâce à une puissance suffisamment forte (qui n'est pas la sienne, mais une puissance extérieure), bref : il doit avant tout entrer dans un Etat civil.[50]

L'état civil est régi par le droit. Il est, dans ce sens, le lieu de neutralisation des tensions, et par conséquent l'espace tout indiqué de pacification des rapports interhumains. Tout ceci n'advient donc qu'au moyen du contrat. C'est ce que soutient

---

48- Hobbes, *Léviathan*, Paris, éd. Sirey, 1971, pp. 177-178

49 - *DD*, §44

50- *Idem.*

Tosel : « Le passage de l'état de nature (droit privé) à l'état civil (droit public) a pour opérateur le contrat que Kant nomme originel »[51]. Le contrat est aussi, Chez Kant, l'acte par lequel un peuple se constitue en Etat. Il affirme :

> L'acte par lequel le peuple se constitue lui-même en Etat [...] est le contrat originaire d'après lequel tous au sein du peuple renoncent à leur liberté extérieure pour la recouvrer aussitôt en tant que membres d'une république, c'est-à-dire du peuple considéré comme Etat.[52]

A travers le contrat, les individus prennent donc, à l'unanimité, la décision de se dessaisir de leur liberté naturelle extérieure et anarchique pour la retrouver dans l'état civil sous la forme d'une liberté garantie par la loi.

La conception de l'Etat postulée par Kant est une conception libérale et légale s'appuyant sur les principes suivants : la liberté, l'égalité et l'autonomie :

Ainsi l'Etat civil (ou Etat politique), considéré simplement comme un état juridique, se fonde sur les trois principes a priori suivants :
1. La liberté de chaque membre de la société, en tant qu'homme ;
2. L'égalité de tout homme avec tout autre, en tant que sujet ;
3. L'autonomie de chaque membre d'une communauté, en tant que citoyen.[53]

Le premier principe, à savoir la liberté, consiste à ne se soumettre à aucune autre loi que celle à laquelle j'ai moi-même donnée mon assentiment ; le second principe (l'égalité), repose sur le fait de ne reconnaître parmi ces concitoyens aucune personne supérieure à soi du point de vue juridique ou moral. Par

---

51- André Tosel, *Kant révolutionnaire. Doit et politique*, Paris, puf, 1988, p. 65. Nous citerons désormais *Kant révolutionnaire*.

52- *DD*, § 47.

53-Kant, *Théorie et pratique*, trad. Françoise Proust, Paris, Flammarion, 1994, p. 64.

ce principe, Kant récuse les inégalités sociales telles que le caractère héréditaire de la noblesse qui permettait aux uns, les nobles, et de façon innée d'exercer une ascendance sur les autres, la basse classe. Il fallait donc mettre un terme à l'argument de l'inégalité de condition entre individus soutenue par l'Ancien Régime. Le troisième et dernier principe (l'autonomie civile), consiste à ne devoir sa survie et son entretien d'aucun individu dans la société mais plutôt à ses propres forces. Ce principe permet à Kant de voir qui, dans la société, est autonome, (c'est-à-dire n'a nullement besoin de s'aliéner pour gagner sa vie) et qui ne l'est pas, (c'est-à-dire qui vend sa force de travail pour se maintenir dans l'existence). Le premier, autrement dit le sujet autonome, est qualifié par Kant de *citoyen actif* et, par conséquent, est autorisé à voter. Quant au second, celui privé d'autonomie, est appelé *citoyen passif* et donc exclu du vote. Sont principalement concernés par cette mesure, les femmes, les enfants, les domestiques et autres travailleurs de basse condition. C'est donc l'aspect économique qui, chez Kant, permet de dissocier le citoyen actif du citoyen passif.

L'état civil kantien est aussi appelé état juridique, en ce sens qu'il s'agit d'un espace caractérisé par l'émergence du droit. Le droit destiné à harmoniser les rapports interhumains prendra chez Kant le nom de droit politique. Ce droit apparaît, selon l'auteur, comme une composante du droit public au même titre, d'ailleurs, que le droit des gens et le droit cosmopolitique. Par droit public, il entend « l'ensemble des lois qui ont besoin d'une proclamation universelle pour produire un Etat juridique »[54]. Autrement dit, des lois qui nécessitent une vulgarisation afin que tout citoyen prenne la mesure de son rôle dans la nouvelle société de contrat, dite contrat originaire, d'après l'expression de Kant. Ici, il ne s'agira plus d'agir selon sa force, mais selon ce qu'effectivement ces lois prescrivent. Agir selon la prescription des lois, c'est réguler les comportements des individus dans la société. Ainsi, le droit politique est celui qui procède « à la limitation de la liberté de chacun à la condition de pouvoir s'accorder avec la liberté d'autrui »[55]. Cet accord des libertés

54 - Kant, *DD.* § 43.

55 - Kant, *Théorie et pratique*, op.cit., p. 64.

individuelles fera de l'état civil kantien un espace de manifestation de la raison qui aura pris le dessus sur la passion, la barbarie, l'anarchie et la violence autrefois en vigueur dans l'état de nature. C'est l'argument que semble soutenir André Tosel en évoquant l'état civil kantien, en tant qu'il est « exigé comme postulat de la raison pratique (...), comme exercice de la contrainte légale qui est fondamentalement opposée à la violence ».[56]

L'état moderne kantien, dans sa construction, est aussi lié au problème de l'éducation. C'est que l'éducation, tout en perfectionnant l'homme par l'instruction et la moralité de ses actions, contribue au progrès du genre humain vers le mieux et à la réalisation de sa destinée politique telle que Kant l'évoque dans « l'Idée d'une histoire... », à savoir le cosmopolitisme. Il y a donc là, un lien qui apparaît entre la philosophie politique et l'éducation. C'est aussi ce qu'exprime Alexis Philonenko :

> La philosophie kantienne de l'histoire et de la politique est intimement liée - comme sa pensée religieuse- aux problèmes de l'éducation.[57]

D'ailleurs, ce lien n'est pas propre à Kant. On le rencontre aussi chez Rousseau, et même avant lui, chez Locke. En somme, c'est un point de vue partagé par l'ensemble des penseurs politiques, point de vue selon lequel le citoyen a besoin d'éducation pour être civilisé. En effet, l'homme est un être qui nécessite une éducation. En le considérant comme mauvais par nature, il ne devient bon que pour autant qu'il soit soumis à un pouvoir qui l'oblige à être bon. Et l'éducation se présente comme ce pouvoir qui contraint l'homme à se perfectionner, c'est-à-dire à devenir bon. C'est par l'éducation que l'homme passe de la sauvagerie, de la barbarie à la moralité de ses actions ; et donc de l'animalité à l'humanité. L'homme est, de ce fait, un produit de l'éducation, comme en témoigne Kant :

---

56 - André Tosel, *Kant révolutionnaire...*, op.cit., p.62.

57 - Alexis Philonenko, *Kant, Réflexions sur l'éducation*, Paris, Vrin, 2004, p.12

> L'homme ne peut devenir homme que par l'éducation.
> Il n'est que ce que l'éducation fait de lui.[58]

L'éducation de l'homme a lieu dans l'état politique. Ici, il devient un être cultivé. Alors que dans l'état de nature, Kant le considère comme un inculte. L'auteur des trois critiques distingue dans l'éducation deux aspects : un aspect négatif, la discipline et un aspect positif, l'instruction. La discipline consiste à bannir de chez l'homme son côté bestial. Tandis que l'instruction concerne tout ce que nous apprenons à l'école par le canal d'un maître : Kant parle de *formation scolastique*. Et il identifie la culture à cette formation scolastique. Ainsi, quand l'auteur évoque l'idée de culture, entendons par là qu'il s'agit simplement de l'instruction ou formation scolastique. Absente (l'instruction) dans l'état de nature, l'homme est une brute. Présente dans l'état civil, il devient citoyen susceptible de mener une existence harmonieuse avec autrui. Il était donc important d'annihiler, de par la culture ou l'instruction (l'éducation), la brutalité de l'homme. Car celui-ci est un être qui, du moment où il vit au milieu d'autres hommes, a besoin d'éducation d'autant qu'il peut être amené à abuser de sa liberté à l'égard d'autrui. L'éducation lui apprendra à faire un usage de cette liberté qui soit limitée par la loi. C'est encore par elle (l'éducation) qu'il prendra conscience de l'importance de ses droits et de ses devoirs. Du coup, l'homme passe d'un état caractérisé par l'indépendance envers toutes lois cœrcitives (état d'injustice) pour un état jugé meilleur par rapport au précédent et où règne la contrainte de la loi. Dans ce sens, l'éducation devient un facteur qui contribue au perfectionnement de l'espèce humaine. Sans éducation, l'homme est être subhumain, corrompu et perverti dans sa naturalité première et par conséquent se définissant par un penchant au mal considéré comme inhérent à son être. Il lui faut donc « être éduqué et instruit, c'est ainsi que l'espèce croît en perfection. Le premier état est le plus mauvais ».[59]

---

[58] -Kant cité par Alexis Philonenko, *op.cit.*, p. 98

[59] - Kant, « Réflexions sur l'anthropologie », Cf. Monique Castillo, *Kant et l'avenir de la culture*, Paris, P.U.F. 1990, p. 255.

En évoquant l'éducation, Kant s'inscrit ici dans le même sillage que Rousseau son devancier qui, dans son contrat de l'éducation (*l'Emile*), formulait déjà la même exigence, celle de voir l'homme être éduqué afin qu'il devienne un véritable citoyen. C'est que pour Rousseau, l'homme est au départ démuni. Et tout ce dont il a besoin pour le perfectionnement de sa personne, pour sa réalisation comme citoyen, il l'obtient par l'éducation. Ainsi affirme-t-il :

> Nous naissons faibles, nous avons besoin de forces ; nous naissons dépourvus de tout, nous avons besoin d'assistance ; nous naissons stupides, nous avons besoin de jugement. Tout ce que nous n'avons pas à notre naissance et dont nous avons besoin étant grands nous est donné par l'éducation.[60]

C'est par l'éducation que l'homme s'élève au rang de citoyen en devenant ainsi vertueux et loyal, disposé à jouer son rôle dans une société de contrat assainie par le droit, où chaque membre, d'où qu'il soit et quel que soit son statut social, puisse vivre le plus librement et le plus heureusement possible. Or, la meilleure constitution capable de mettre en place un tel mode opératoire des conduites humaines s'appelle chez Kant la constitution républicaine. Aussi déclare-t-il :

> La seule constitution qui dérive de l'idée du contrat originaire, sur laquelle doit être fondée toute législation juridique d'un peuple, est la constitution républicaine.[61]

C'est cette constitution qui se trouve exposée dans le premier article définitif de *Vers la paix perpétuelle*.

---

[60] - Rousseau : *Œuvres complètes*, IV Emile, La pléiade, 1969, p. 247.

[61] - Kant, *Vers la paix perpétuelle*, trad. F. Proust, Paris, Gallimard, 2006, p.84. Nous citerons désormais *VPP*.

CHAPITRE II : LE PREMIER ARTICLE DEFINITIF

Cet article s'énonce ainsi : « **La constitution civique de chaque Etat doit être républicaine** »[62].

Il n'est pas vain de rappeler que les articles kantiens de son *Projet de paix perpétuelle* ont été élaborés dans le cadre d'une recherche globale de la paix à l'échelle universelle. Ce premier article définitif a donc trait à la mise en place d'une constitution civile conforme à l'idée pure de droit. Il s'agit de la constitution républicaine ou simplement appelé le républicanisme. Dans ce chapitre, il sera question d'une présentation de cette constitution à travers son avènement à partir d'une finalité téléologique (programmé par la nature) et de l'examen de ses principes.

I - La constitution républicaine : une finalité téléologique

L'aspect téléologique fait référence au rôle que la nature joue dans l'accomplissement de l'histoire de l'homme, celle qui part de la violence et qui a comme destination l'état juridique, celui construit en se fondant sur une bonne constitution. Toutefois, commençons par exposer le caractère violent de l'homme.

1) - La violence naturelle de l'homme

Dans son œuvre intitulée *Sur le caractère de l'humanité en général*, Kant part de la méchanceté intrinsèque de l'homme, qui est un moment négatif dans l'histoire de son évolution, pour aboutir, selon une intention téléologique, à deux événements marquants pour l'ensemble de l'humanité. Premièrement, il s'agit de peupler la surface de la terre, d'occuper les lieux inhabités ; deuxièmement, de produire une constitution civile digne de ce nom, capable de garantir le mieux-être à tous les individus vivant dans un même espace politique. Dans le même ou-

[62] - Kant, *VPP*, op.cit, p.84.

vrage[63], Kant dresse, en s'inspirant de Hobbes, un portrait de l'homme naturel qui n'est guère reluisant. Il le présente comme un être antipathique, réservé, agressif ; un être qui est plus porté vers la guerre que vers la paix. Mais une telle attitude cesse d'exister une fois qu'il accède à la société politique d'autant qu'en ce lieu, il est sous la contrainte légale. L'homme naturel représente l'être humain dans toute son animalité. C'est un être dont l'état de cœur ne révèle que de l'amertume et de l'intolérance envers son *alter ego.* Ici, nous sommes bien loin de l'assertion aristotélicienne de la sociabilité naturelle de l'homme. Bien au contraire, tel que Kant nous le présente (l'homme naturel), il incarne l'insociabilité et de ce fait, s'oppose à l'homme civilisé. En vouant une hostilité impitoyable à autrui, il est véritablement sub-humain. Il importe, dans ce sens, de « le considérer comme un rapace, en effet il est méfiant, violent et hostile envers son semblable ».[64]

De ce qui précède, il ressort que le cœur de l'homme est loin d'être un cœur de compassion, d'altruisme, mais un cœur de méchanceté. La méchanceté est, de ce fait, un trait de caractère qui est naturel en tout homme. Kant dira d'elle (la méchanceté) qu'elle gît dans la nature de tous[65]. En outre, l'auteur estime que même dans une quelconque société civile, l'homme éprouve toujours de la méfiance vis-à-vis de la personne qu'il ne connaît pas. Il lui est donc difficile d'exprimer ses émotions, ses désirs, ses sentiments à un inconnu. Mais cette méfiance et cette violence ne seront canalisées que grâce à la présence de la loi. Kant suppose, d'ailleurs, que si l'on venait à suspendre l'applicabilité de la loi dans la société, il se trouve que personne ne mènerait une vie en toute quiétude eu égard à la résurgence de la violence.[66]

---

[63] - Kant, *Sur le caractère de l'humanité en général*, traduit de l'allemand par Philippe Ivernel, Paris, éd. Payot et Rivages, 2006, p. 43.

[64] - *Idem*

[65] - *Idem*, p. 44.

[66] - Kant dit précisément ceci : « Personne ne se trouverait en sécurité dans sa maison, chacun redouterait que quelqu'un ne pénètre chez lui la nuit par effraction et n'exerce sa violence ». Cf. *Sur le caractère de l'humanité en général*, op.cit. , p.44.

2) - La finalité téléologique

L'homme est, de ce fait, un être qui fait planer l'insécurité autour de lui. Cette violence, selon l'auteur, a inévitablement un but, une finalité. Nous retrouvons, ici, la perspective téléologique. En effet, faisant de l'homme un être violent, méchant, la nature a une mission, celle de le voir peupler toute la surface habitable de la terre. Et le seul moyen d'y arriver, c'est la discorde, la mésentente ; l'incompatibilité d'humeur comme le dit Kant. Car si l'entente régnait entre eux, les hommes se cloîtreraient tous dans une seule localité.

> Qu'est-ce qui pousse ainsi les hommes à se rendre au Groenland, à Tahiti ou dans d'autres pays ? Rien d'autre que l'incapacité de se supporter. Si les hommes étaient conciliants, ils habiteraient tous en tas, et personne ne se séparerait de la société. Il y a là une grande utilité qui découle de la méchanceté.[67]

La méchanceté devient, pour ainsi dire, ce dont la nature se sert pour parvenir à ses fins. Elle (la méchanceté) est le critère du peuplement de la terre. En effet pour Kant, à l'origine, les hommes sont tous cloîtrer dans un seul endroit. Aussi longtemps qu'ils resteront en nombre réduit, la terre en tant qu'espace qui leur est dévolu, sera toujours suffisante pour leur maintien dans l'existence. Mais avec l'explosion démographique qui survient, s'ajoutant à la méchanceté, les hommes ont eu du mal à se supporter, à se gérer, à cohabiter dans un même espace. Ils vont alors se séparer, les uns s'éloignant des autres. C'est dans cette dispersion qu'ils découvrent d'étendus d'espaces libres qu'ils finissent par occuper. Toute la terre est désormais habitée. Voilà donc, ce qui, selon Kant, constitue le premier but assigné à l'homme par la nature à travers la violence, à savoir le peuplement de l'ensemble de la surface de la terre.

Quant au deuxième but, l'homme apprendra à ses dépens que sa liberté naturelle, grâce à laquelle il s'offrait tout ce que sa force pouvait le lui permettre, constitue une menace pour

---

67 - *Idem*, p. 45.

autrui. D'où, la nécessité d'établir des lois. En la matière, les meilleures lois sont celles qui non seulement harmonisent les rapports entre les individus, mais aussi mettent en exergue le respect des libertés individuelles et de la dignité humaine. Ces lois forment ce que l'on pourrait appeler avec Kant la constitution civilisée. C'est donc là, selon l'auteur, le deuxième but assigné à l'homme par la nature. C'est à partir de ce deuxième but (la constitution civilisée) que l'homme parvient à s'inscrire dans la perspective de son progrès vers le mieux. Car cette constitution, en tant qu'incarnation de l'ordre civil, favorise le développement de ces dispositions naturelles, et celles-ci seront à l'origine de la création de tout ce qu'il y a de plus noble et de plus grand dans l'histoire des œuvres humaines.[68]

La constitution civilisée est la source des relations pacifiées. Il va dorénavant régner un climat de sérénité et de sécurité sociale qui permettra de favoriser, d'après Kant, l'émergence des notions de droit, de moralité, ainsi que la création des arts. Aussi, dira-t-il : « toutes ces perfections sont nées de la méchanceté dans le cœur des hommes, laquelle a produit d'abord la contrainte civile »[69]. Ce que l'auteur entend par contrainte civile n'est autre que la constitution civilisée, c'est-à-dire la constitution républicaine.

Kant se pose ensuite la question de savoir si à l'absence de la méchanceté de cœur, l'humanité aurait enregistré toutes ces perfections. Il avoue pour sa part que rien n'est sûr. Car pour lui, si l'homme était par essence non violent, bon, comme le prétend par exemple Rousseau, alors aucune constitution civile digne ce nom ne verrait le jour. Par conséquent, aucune autorité n'existerait, et les hommes n'envisageraient pas des relations de droit entre eux. Kant estime que ce serait l'hécatombe dans la mesure où l'entière perfection de l'homme, qui est son véritable but assigné par la nature, cesserait d'exister. C'est donc bien à partir de la méchanceté du cœur de l'homme et en tenant

68 - *Idem*

69 - *Idem*, p. 47.

compte de la constitution civile, que l'humanité s'inscrit dans la perspective de son progrès vers le mieux.

Il importe de comprendre, de manière succincte, avec Kant que la méchanceté du cœur des hommes a produit la constitution civile. Cette dernière a assaini le climat social. Et de là ont émergé le droit, la morale, les arts, la science, la technique, bref, tout ce qui relève du perfectionnement de l'homme. Ce perfectionnement n'est possible qu'en prenant pour point de départ la nature première de l'homme. Car pour l'auteur, l'homme possède deux natures : l'une en rapport avec l'animalité, et l'autre relative à l'humanité. Mais voilà que ces deux natures entrent en conflit. Et comme la nature a destiné l'homme à réaliser le progrès vers le mieux, à atteindre la perfection, celui-ci, c'est-à-dire l'homme, ne peut donc pas se définir par rapport à l'animalité qui se traduit plutôt par la régression vers la violence. Par contre, il cherchera à se définir par rapport à l'humanité. Et la perfection de l'humanité de l'homme passe nécessairement par la mise en place d'une constitution civile que Kant appelle l'ordre civil. Car « la nature nous a destinés d'un côté à l'animalité, mais de l'autre, une fois de plus, à l'ordre civil, eu égard à la perfection de l'humanité »[70]. Le meilleur ordre civil, autrement dit la meilleure constitution civile n'est autre pour Kant que la constitution républicaine ou (Républicanisme) comme nous l'avons indiqué ci-dessus. Cette constitution sera le point de départ d'une universalisation de la paix si et seulement si elle (la constitution républicaine) est adoptée par tous les Etats. Par cette réflexion, Kant montre la voie à suivre pour chaque Etat afin que la paix perpétuelle et la sérénité sociale se réalisent à l'échelle universelle.

II - Les principes de la constitution républicaine

La constitution républicaine, telle que conçue par Kant, repose sur un certain nombre de principes : la liberté, la soumission de tous à l'égard d'une même législation et l'égalité. A ces trois principes, peuvent s'adjoindre deux autres qui sont aussi

---

[70] - *Idem*, p. 52.

caractéristiques, selon nous, de la constitution républicaine, à savoir la représentation et la séparation des pouvoirs. Max Marcuzzi qui commente cette constitution chez Kant déclare :

> Qu'est-ce alors qu'une constitution républicaine ? D'une part, elle se caractérise, quant aux individus, par le fait qu'elle se fonde sur trois principes correspondant aux trois manières de considérer les êtres humains : a) ce sont des hommes libres, b) ce sont des sujets dépendant d'une législation unique valant pour tous, et c) ce sont des citoyens égaux devant la loi. D'autre part, quant aux institutions, deux caractères lui sont essentiels : la représentation et la séparation des pouvoirs. Le peuple doit être représenté ; il peut l'être par un homme seul ou par un groupe.[71]

A travers la constitution républicaine, Kant veut prendre à bras le corps le problème de l'épanouissement de l'homme. Car sa préoccupation, c'est bien l'homme, non pas l'homme d'un pays précis ou d'un continent spécifique, mais l'homme de toute l'humanité. Voilà pourquoi sa réflexion ne se limite pas aux portes de son Allemagne natale ou de son Europe. Sa réflexion est celle qui s'étend au monde entier. Simone Goyard-Fabre écrit :

> Kant a beaucoup trop souci de l'homme - de l'homme en général – pour que sa réflexion s'arrête aux frontières d'un pays ou même d'un continent. L'homme n'est pas plus Français que Prussien ou Anglais ; il est, comme disait les stoïciens, citoyen du monde.[72]

Il paraît évident que l'épanouissement de l'individu est intrinsèquement lié à la garantie juridique de sa liberté.

---

[71] - Max Marcuzzi, *Vers la paix perpétuelle*, Paris, Vrin, 2007, p. 157.
[72] - Simone Goyard-Fabre, *Kant et le problème du droit*, Paris, Vrin, 1975, p. 19.

1) - Le principe de liberté

La liberté, en tant que principe essentiel, apparaît dans bon nombre de textes politiques et juridiques[73] de Kant. En ce XVIIIe siècle, le mot était devenu une sorte de lieu commun qui donnait libre cours à des définitions peu pertinentes. Aussi, Kant tenait-il à recadrer la définition de la liberté en lui donnant un autre contenu. Ainsi, dans *Vers la paix perpétuelle*, il rejette la définition de la liberté communément admise :

> La liberté de droit (par suite extérieure) ne peut pas être définie, comme on a coutume de le faire, par l'autorisation de faire tout ce qu'on veut pourvu qu'on ne fasse pas de tort à autrui[74].

Dans ses « réflexions sur l'anthropologie », il révèle les auteurs de cette définition de la liberté, à savoir les constituants français de 1789 :

> La définition de la liberté dans la déclaration des droits de l'homme par l'assemblée nationale à Paris s'énonce ainsi : la liberté consiste à pouvoir faire ce qui ne nuit pas à autrui. Plus loin : la loi n'a le droit de défendre que les actions nuisibles à la société. Les deux propositions sont fausses[75].

Cette position de Kant est une réaction contre les articles 4 et 5 de la déclaration française des droits de l'homme et du citoyen de 1789. En effet, cette Déclaration marque tout d'abord la fin de la monarchie absolue en France à travers une série de revendications des droits dont l'individu était autrefois dépourvu. Parmi ces droits, figure en bonne place la liberté. Voici du reste le contenu de ces articles 4et 5 :

Article 4 :

> "La liberté consiste à pouvoir faire tout ce qui ne nuit pas à autrui : ainsi, l'exercice des droits naturels de chaque

---

73 - On pense à « l'Idée d'une histoire... ».., à *Théorie et pratique*, à la *Doctrine du droit*, au *Projet de paix perpétruelle*, etc...

74 - Kant, *VPP*, op.cit., p.84.

75 - Kant, « Réflexions sur l'anthropologie », Cf. l'œuvre de Monique Castillo, *Kant et l'avenir de la culture*, Paris, P.U.F. 1990, p. 290.

homme n'a de bornes que celles qui assurent aux autres membres de la société la jouissance de ces mêmes droits. Ces bornes ne peuvent être déterminées que par la loi"[76].

Article 5 :

" La loi n'a le droit de défendre que les actions nuisibles à la société. Tout ce qui n'est pas défendu par la loi ne peut être empêché, et nul ne peut être contraint à faire ce qu'elle n'ordonne pas"[77].

Vue sous cet angle, la liberté apparaît comme le pouvoir de faire ce qui est permis. Ce qui est permis, c'est ce qui ne fait du tort à personne, quoique dans l'expérience courante on en fasse.

L'idée de liberté a, en effet, fait l'objet de préoccupation majeure de la part des constituants français en 1789. Le texte rédigé après des vives discussions et appelé « Déclaration des droits de l'homme et du citoyen » consacre plusieurs articles à la notion de liberté. Outre l'article 5, on note :

Article 7, la liberté personnelle : « Nul ne peut être accusé, arrêté, ou détenu, que dans les cas déterminés par la loi, et selon les formes qu'elles a prescrites » ;

Article 10, la liberté d'opinion et de conscience : « Nul ne doit être inquiété pour ses opinions, mêmes religieuses » ;

Article 11, la liberté d'expression et de presse : « La libre communication des pensées et des opinions est un des droits les plus précieux de l'homme ; tout citoyen peut donc parler, écrire, imprimer librement… ». Il s'agit là d'une description des libertés que l'homme doit pouvoir faire valoir à l'encontre de l'Etat comme l'indique bien la déclaration française des droits de l'homme et du citoyen de 1789.

---

[76] - Walker Laqueur et Barry Rubin : *Anthologie des droits de l'homme*, traduit de l'américain par Thierry Piélat, troisième édition, Paris, Nouveaux Horizons, 2002, p.153.

[77] - *Idem*

La liberté, telle qu'exposée par les constituants français que l'on pourrait qualifier de liberté juridique étant donné qu'elle concerne l'individu dans l'extériorité de ses rapports avec autrui, est présentée, selon Kant, dans le texte de *Vers la paix perpétuelle*, comme dépourvue de sens. Kant pense plutôt donner à la liberté un sens moral et rationnel où se combinent volonté et raison. Pour l'auteur, la volonté est la faculté qui permet à l'homme de ne désirer que ce qui est moralement bon, c'est-à-dire ce qui est prescrit par la raison. Car sans les recommandations de la raison, la volonté se laisse aller à la dérive en se soumettant, par exemple, aux injonctions de la sensibilité affective qui sont subjectives ; alors que les ordres de la raison sont tenus pour objectifs. Par conséquent, une définition de la liberté qui fait intervenir le rapport entre volonté et raison est pertinente et fiable. Voilà pourquoi contre la définition de la liberté contenue dans l'article 4 de la « déclaration française des droits de l'homme et du citoyen de 1789 », Kant en propose une autre, à savoir « l'autorisation de n'obéir à aucune autre loi extérieure que celles auxquelles j'ai pu donner mon assentiment ».[78]

Comprenons avec l'auteur que lorsqu'on se soumet à une loi à laquelle on a donné son assentiment, on ne se soumet qu'à sa propre volonté, et par là, on manifeste sa liberté. L'homme ne doit donc obéir ni aux penchants de la sensibilité affective ni aux injonctions provenant d'une volonté qui lui est extérieure, que ce soit celle du monarque à travers l'expression de sa tyrannie, ou celle de Dieu à travers la soumission aux dix commandements de la bible. A y regarder de près, Kant essaie de résoudre le problème du déterminisme théologique en revendiquant pour l'homme une liberté à l'égard de Dieu. L'homme, pense Kant, ne doit pas être considéré comme une marionnette ou comme un automate qui se soumettrait à tout ordre, d'où qu'il vienne. L'homme sera bien au contraire le principal auteur de ses propres actions, de sa propre loi. Car il n'est appelé à respecter que la loi à laquelle il a lui-même donné son assenti-

[78] - Kant, *V.P.P.*, op.cit., note citée par Françoise Proust, p.84. On rencontre cette même définition dans la *Doctrine du droit* : « la liberté légale de n'obéir à aucune autre loi que celle à laquelle le citoyen a donné son assentiment ». Cf. § 46.

ment. C'est ce qui fait sa dignité et partant sa liberté. Ainsi, la liberté chez Kant se construit dans un rapport aux lois, par la nécessité avec laquelle je dois m'y soumettre, en me considérant moi-même, en tant qu'être rationnel, comme auteur de la loi. Dès lors, la liberté devient essentiellement autonomie. On retrouve là le sens étymologique du mot« autonomie » qui comprend « nomos », c'est-à-dire loi, et qui désigne le pouvoir d'un groupe ou d'un individu de vivre selon des lois qu'il s'est données lui-même. De la conception morale donnée à la liberté, Kant a débouché sur sa définition politique qui prend sens d'après l'idée selon laquelle les « lois doivent être consenties par l'ensemble des citoyens »[79]. Ceux-ci deviennent, ainsi, auto-législateurs. Car l'Etat, en tant qu'espace d'application de cette auto-législation n'est plus conçu en termes de propriété du monarque ou des couches aristocratiques de la société, mais de république prise au sens de communauté de citoyens égaux et co-législateurs. Ce rapport entre la liberté et l'obéissance aux lois n'est pas propre à Kant. On le rencontre également chez Rousseau, son devancier. En effet, le citoyen de Genève a à cœur la conciliation de la sérénité sociale (la liberté politique) et la présence de la loi. Et il en vient à la conclusion selon laquelle l'homme n'est libre qu'en obéissant aux lois qu'il s'est prescrites. En obéissant à la loi raisonnable, les hommes ne choisissent donc pas de suivre leurs impulsions, encore moins les injonctions d'un maître, mais les recommandations de leur raison. Par cet acte, ils n'obéissent qu'à eux-mêmes, et par conséquent ils sont libres. Ce rapport entre loi et liberté est exposé par Rousseau dans des termes suivants :

> Il n'y a donc point de liberté sans loi, ni où quelqu'un est au-dessus des lois : dans l'état même de la nature l'homme n'est libre qu'à la faveur de la loi naturelle qui commande à tous. Un peuple obéit, mais il ne sert pas ; il a des chefs et non pas des maîtres ; il obéit aux lois, mais il n'obéit qu'aux lois et c'est par la force des lois qu'il n'obéit pas aux hommes.[…] Un peuple est libre, quelque forme

---

79 - Patrice Canivez, *Qu'est-ce que l'action politique*, Paris, Vrin, 2013, p. 35.

> qu'ait son gouvernement, quand dans celui qui gouverne il ne voit point l'homme, mais l'organe de la loi.[80]

La loi et la liberté ne sont donc pas, chez Rousseau, nécessairement incompatibles. Bien au contraire, pour que la loi soit l'expression même de la liberté, elle doit être raisonnable. Cette loi est délibérée et votée directement par les citoyens.

Mais revenons à Kant pour dire que le recadrage de la définition de la liberté qu'il a fait et qui part des énoncés contenus dans la déclaration des droits de l'homme de l'assemblée nationale française, prouve à suffisance l'oreille tendue de l'auteur sur les événements se produisant outre-rhin. Avant l'article 4, la liberté apparaît déjà à l'article 2 de la déclaration française comme droit naturel et imprescriptible de l'homme au même titre que la propriété, la sûreté et la résistance à l'oppression. Partant de ce lien entre Kant et les constituants français de 1789, il n'est pas superfétatoire d'admettre que le républicanisme kantien est une théorie politique qui met en exergue la question du respect des libertés de la personne humaine.

2) - Le principe de dépendance

Un autre principe qui caractérise la constitution républicaine est celui de dépendance, la dépendance de tous les citoyens à l'égard d'une législation unique[81]. En effet, l'état de nature chez Kant, à l'instar de Hobbes, est un état de guerre généralisée, un état où chacun se retrouve auteur de sa propre loi, et ne reconnaît pas une loi extérieure à laquelle, avec tous les autres, il se soumet. Ici, il n'y a pas, comme on le voit, de législation commune à laquelle tous les hommes se soumettent ou dépendent. Par conséquent, le principe de dépendance est inopérant. L'absence de loi commune dans cet état de nature laisse alors libre cours à tout affrontement, à toute sorte d'opposition de forces antagonistes. Les unes le poussent à s'isoler (et donc à l'agressivité), les autres l'entraînent vers une société civile

---

[80] - Rousseau, *Lettres écrites de la Montagne*, (1764), in Œuvres complètes, t. III, la Pléade, éd. Gallimard, 1969, p. 841.
[81] - Kant, *VPP*, op.cit, p. 84.

(l'insociable sociabilité) où, avec ses semblables, ils se soumettront, mieux, ils dépendront d'une législation commune qui ferait que la liberté des uns puisse coïncider avec celle des autres. L'état civil institué à partir de la constitution républicaine est donc ce lieu où le principe de dépendance revêt tout son sens.

3) - Le principe d'égalité

Enfin, le troisième et dernier principe caractéristique de la constitution républicaine évoqué par Kant dans son *Projet de paix perpétuelle* est le principe d'égalité. Voici en quels termes l'auteur définit ce principe, qu'il appelle aussi l'égalité juridique :

> Elle est le rapport des citoyens selon lequel personne ne peut obliger l'autre, de droit, sans que, en même temps, il ne se soumette à la loi qui peut l'obliger réciproquement et de la meilleure manière.[82]

Kant part du principe que si dans l'ancien régime certaines classes bénéficiaient des privilèges, le cas de la noblesse, en revanche dans le nouvel état politique, celui institué à partir d'un fondement juridique qui prend ancrage dans la constitution républicaine, ces discriminations cessent d'avoir lieu ; et tous les citoyens deviennent égaux devant la loi. Toutefois, certaines différences liées aux charges publiques (les inégalités matérielles) ne doivent pas influer sur l'égalité politique. Autrement dit, cette hiérarchie ne doit pas se traduire par une domination politique. Car tous les hommes, membres d'un Etat, sont des citoyens qui demeurent libres et surtout égaux en droit. Le principe d'égalité établit donc l'équité sociale permettant de faire tomber les barrières de la différence afin de promouvoir l'épanouissement de la personne humaine. Cependant, les clivages rencontrés dans l'Etat sont dus à la différence de talent, de mérite, d'activité, et même de chance. La constitution républicaine est donc selon l'auteur :

---

[82] - *Idem*

> La constitution instituée premièrement d'après les principes de liberté des membres d'une société (comme homme), deuxièmement d'après le principe de dépendance de tous envers une unique législation commune (comme sujet) et troisièmement d'après la loi de leur égalité (comme citoyen).[83]

C'est dans *Théorie et pratique* que Kant procède à une élaboration minutieuse du principe d'égalité qui s'inscrit, là aussi, dans une vision de récusation des pratiques despotiques des monarchies de son temps. A cet titre, Kant peut être considéré comme un révolutionnaire d'autant qu'il veut mettre un terme à l'argument de l'inégalité de condition entre individus soutenue par l'ancien régime. André Tosel renchérit dans la même optique en déclarant qu' «ainsi s'énonce la fin du privilège féodal, et se trouve sapée la légitimité de toute noblesse héréditaire».[84] L'instauration du principe d'égalité sonne donc le glas de cette classe. Kant estime que toute personne vivant dans l'état civil d'une communauté se doit, selon son mérite, d'accéder à une condition très élevée. Point n'est besoin de lui faire obstacle à la réalisation de cette fin sous le prétexte qu'il existe une condition privilégiée à laquelle l'on appartiendrait de manière héréditaire :

> Aucun membre de la communauté en tant que sujet ne peut jouir d'un privilège inné sur autrui et nul ne peut transmettre à ses descendants le privilège de la condition qui est la sienne dans la communauté, ni empêcher autrui d'une manière contraignante, comme si la naissance l'avait en quelque sorte destiné à appartenir à la noblesse, de parvenir par son propre mérite aux plus hauts niveaux de la hiérarchie.[85]

Autrement dit, une personne appartenant à une communauté peut, toutefois, hériter d'une chose en tant que propriété, mais pas d'une classe sociale dite aisée et de surcroît empêcher

---

[83] - *Idem*, p.84.

[84] - André Tosel, *Kant révolutionnaire, droit et politique*, Paris, P.U.F. 1988, p.67.

[85] - Kant, *Théorie et pratique*, Op.cit., p. 68.

l'autre de se hisser au même rang que lui. Ce serait méconnaître ce droit à l'égalité que « la déclaration des droits de l'homme et du citoyen » présente comme étant naturel et imprescriptible. Au fond, ce que tente de faire Kant ici, c'est de rejeter la légitimité juridique d'une noblesse qui fait montre d'une supériorité hautaine. Pour André Tosel et dans la perspective de Kant, « il faut abolir le privilège propre à toute position sociale, de manière à ce que tous les individus à leur naissance se trouvent en position égale devant les charges publiques ».[86] En se situant du point de vue de la logique de l'ancien régime, qui est la logique défendue par la noblesse, cela signifie que le rang passe avant le mérite ; et c'est ce que Kant dénonce lors qu'il proclame le principe de l'égalité entre tous les hommes dans l'état civil. Car la législation juridique commande à chacun de parvenir à la position sociale qui correspond à ses capacités physiques et intellectuelles, et donc à son mérite. Tosel pense que Kant traduit, ici, la conception libérale de l'égalité qui s'exprime en ces termes : « A chacun selon son mérite ».[87]

Alors que le point de vue féodal était le suivant : « A chacun selon son rang ».[88] En élaborant donc le principe d'égalité, Kant suivait, affirme Domenico Losurdo, la nouvelle théorie française, celle contenue dans la déclaration des droits de 1791 qui proclamait l'égalité entre tous les citoyens sans autre distinction, si ce n'est celle de leurs vertus et de leurs talents[89]. Il est évident que la déclaration des droits de 1791 n'était que la suite de celle élaborée en 1789 et appelée la « déclaration des droits de l'homme et du citoyen ». Il n'est donc pas vain pour nous d'examiner cette dernière et voir ce qu'est le principe d'égalité. Dans celle-ci en effet, ce principe occupe une place de choix. Ainsi l'article 1er, directement issu de la nature, en fait état : « Les hommes naissent et demeurent libres et égaux en

---

[86] - André Tosel, *Kant révolutionnaire*, op.cit., p.68.

[87] - *Idem.*

[88] - *Idem.*

[89] - Domenico Losurdo, *Autocensure et compromis dans la pensée politique de Kant*, Presses universitaires de Lille, trad. J-M. Bué, Lille, 1993, p. 160.

droit »[90]. Rappelons que la formule de ce premier article est d'inspiration rousseauiste et apparaît comme la phrase inaugurale du Contrat social : « L'homme est né libre, et partout il est dans les fers »[91]. Ce point de vue de Rousseau, repris par les constituants français en 1789, était une réaction contre une conception partagée sous l'ancien régime et dont on peut remonter l'origine aux Anciens (les Grecs de l'antiquité) et qui consistait à penser que les hommes ne naissaient ni libres ni égaux à en croire Bobbio : « Que les hommes ne naissent ni libres ni égaux était une doctrine courante, [...] qui remontait aux anciens et avait été restaurée durant la Renaissance »[92]. En effet, les Anciens voyaient à l'intérieur du genre humain une inégale répartition de la raison. De là, découlait l'idée que certains viennent au monde pour se soumettre et d'autres pour commander. Ainsi chez les Anciens, chacun doit occuper, dans la société, la place que la nature lui a réservée. Le concept d'égalité entre tous les hommes n'était pas, à cette époque, contenu dans la loi et appliqué par les gouvernants. En somme, le débat sur les droits de l'homme était étranger à la politique grecque de la cité. Pourtant avec l'avènement de l'ère chrétienne, cette conception sur l'inégalité naturelle des hommes va être discutée. Le stoïcisme impérial de Marc Aurèle proposera une solution de repli. Ce courant enseigne que chaque individu, en dépit de sa solitude, est membre de la grande famille universelle, et donc un citoyen du monde. De même, le christianisme va diffuser des idées sur l'universalité de la nature humaine et sur la valeur de l'homme. Mais malheureusement la renaissance va réhabiliter cette idée de discrimination humaine que l'Ancien Régime va s'approprier.

L'Ancien Régime est l'organisation politique et sociale des Etats de l'Europe occidentale et centrale aux XVIIème et XVIIIème siècles. Dans cette organisation, les souverains règnent en monarques absolus. La noblesse et le clergé jouissent d'un statut privilégié. Les paysans, qui forment la majeure par-

---

90- Walker Laqueur et Barry Rubin : *Anthologie des droits de l'homme*, traduit de l'américain par Thierry Piélat, troisième édition, Paris, Nouveaux Horizons, 2002, p.153.

91- Rousseau, *Du contrat social*, Livre I, chapitre I.

92 - Norberto Bobbio, *L'Etat et la démocratie internationale*, Op.cit., p.128.

tie de la population, paient presque tous les impôts. Les sujets ne bénéficient pleinement ni de la liberté d'opinion, ni de la liberté économique, ni de la liberté individuelle. Le pouvoir du roi est issu directement de Dieu. C'est notamment contre cette conception spirituelle du pouvoir que les révolutionnaires français de 1789 opposeront celui du peuple.

Le principe d'égalité apparaît aussi dans d'autres articles de la Déclaration:

Article 6, égalité devant la loi : « La loi est l'expression de la volonté générale.[...] Elle doit être la même pour tous, soit qu'elle protège, soit qu'elle punisse. Tous les citoyens, étant égaux à ces yeux, sont également admissibles à toutes dignités... ».

Articles 7 à 9, égalité devant la justice ;

Article 13, égalité devant l'impôt[93].

Le principe d'égalité permet aux constituants français de convenir que ce n'est plus la naissance qui fait le rang social, mais la formation. De même, on pense fortement qu'il est préférable de laisser le pouvoir entre les mains de personnes cultivées et formées à cet effet. En 1789, les constituants français étaient donc animés d'une volonté, celle de faire disparaître toutes les distinctions faites sous l'Ancien Régime: désormais, nous n'aurons plus que des citoyens débarrassés de l'arbitraire royal et donc égaux en droit.

4) - Le principe de séparation des pouvoirs

Outre les trois principes cités ci-dessus (liberté, dépendance et égalité), Kant fait état d'un autre aspect en rapport avec la constitution républicaine ou républicanisme, à savoir la séparation des pouvoirs : « Le républicanisme (ou constitution républicaine) est le principe politique de la séparation du pouvoir exécutif (du gouvernement) et du pouvoir législatif ».[94] A tra-

---

93 - Walker Laqueur et Barry Rubin : *Anthologie des droits de l'homme,* op.cit., p. 153.

94 - Kant, *VPP*, op.cit., pp.86-87.

vers cette séparation des pouvoirs, Kant veut concilier la souveraineté législative qui provient de la volonté unifiée du peuple et le pouvoir exécutif de l'Etat dont la vocation est de limiter les libertés des individus en les mettant sous la domination d'un chef. Autrement dit, il s'agit de rechercher les conditions qui permettent d'accorder la liberté des individus et le droit public qui s'énonce toujours en termes de contrainte imposée par la personne qui gouverne. Et l'état civil ne reçoit un sens qu'à partir de cette distinction des pouvoirs : le pouvoir législatif, le pouvoir exécutif et le pouvoir judiciaire. Le pouvoir législatif est l'expression de la volonté unifiée du peuple. Le pouvoir exécutif est celui par lequel le peuple nomme le régent qui reçoit comme fonction l'application des lois votées par la volonté unifiée de l'ensemble des citoyens. Enfin le pouvoir judiciaire, il est celui par lequel le peuple donne l'autorité aux magistrats de gérer ce qui est de droit ; et ce qui est de droit, selon Kant, c'est « Ce que les lois disent ou ont dit en un certain lieu et en un certain temps »[95].

Le principe de séparation des pouvoirs n'est pas propre à Kant. On situe son origine dans les travaux de Montesquieu (1689-1755). Son livre intitulé *De l'Esprit des lois* (1748), montre la nécessité de procéder à une séparation des pouvoirs afin de limiter l'arbitraire et d'empêcher les abus liés à l'exercice de l'autorité. Autrement dit, Montesquieu cherche à éviter les errements d'un roi despote pour préserver la liberté des sujets. Aussi, s'exprime-t-il avec netteté en ces termes : « Pour qu'on ne puisse abuser du pouvoir, il faut que, par la disposition des choses, le pouvoir arrête le pouvoir »[96]. En séparant les pouvoirs, on retire au roi certaines prérogatives qui limitent son champ d'action. Par-là, on limite donc l'étendue de ses compétences, autrement dit de son pouvoir. Norberto Bobbio qui examine cette doctrine de la séparation des pouvoirs pense que l'une des formulations la plus achevée et la plus limpide de la séparation des pouvoirs se rencontre dans

---

[95] - Kant, *Doctrine du droit*, Paris, Flammarion, 1994, p.16.

[96] - Montesquieu cité par Norberto Bobbio, *L'Etat et la démocratie internationale*, Bruxelles, éd. Complexes, 2001, p.236.

l'œuvre du fédéraliste américain Madison qui en a fait un exposé que l'histoire des idées a retenu :

> L'accumulation de tous les pouvoirs, législatif, exécutif et judiciaire, dans les mains, soit d'un seul homme, soit de quelques-uns, soit de plusieurs, [...] peut justement être considérée comme la véritable définition de la tyrannie.[97]

Entendons par cette réflexion que le détenteur d'un pouvoir dans un domaine précis, ne doit point avoir des pouvoirs supplémentaires dans d'autres domaines au risque de pervertir le principe sur lequel se fonde la constitution républicaine. D'où, il résulte la nécessité d'une indépendance de ces trois pouvoirs afin que chacun n'ait le contrôle constitutionnel que sur ce qui lui est dévolu. Le principe de la séparation des pouvoirs distingue trois fonctions principales au sein des différents régimes politiques : la fonction législative qui élabore les lois ; la fonction exécutive qui se charge de l'exécution de ces lois ; et enfin la fonction judiciaire dont le rôle est de régler les litiges. L'intérêt de cette répartition des pouvoirs réside dans le fait qu'avant l'avènement de l'état moderne, c'est-à-dire dans le régime de la monarchie absolue, ces trois fonctions étaient le plus souvent confondues et détenues par une seule et même personne. Avec Montesquieu, chaque fonction ou chaque pouvoir doit désormais être exercé par des organes distincts, indépendants les uns des autres. Il s'agit là d'empêcher la concentration de la puissance politique en une seule autorité. Ici, chaque organe représente l'un des trois pouvoirs : le pouvoir législatif est exercé par des assemblées représentatives, le pouvoir exécutif se situant dans les mains du chef de l'Etat et l'ensemble de ses collaborateurs, en fin le pouvoir judiciaire détenu par les juridictions.

Nous pouvons, toutefois, remarquer chez Kant deux lignes directrices par lesquelles on peut lire sa distinction des pouvoirs. La première ligne porte sur une séparation radicale entre le représenté (le peuple) et le représentant (le monarque ou ré-

---

[97] - Madison cité par Norbero Bobbio, *op.cit.*, p. 236.

gent). Cette séparation débouche, selon l'auteur, sur une indépendance du second, c'est-à-dire de l'autorité souveraine. En effet, le roi donne des ordres auxquels le peuple obéit ; et le peuple ne doit pas se révolter. Visiblement, Kant s'oppose au droit de résistance ou à toute révolution visant à changer l'organisation politique intérieure de l'Etat. Car pour lui, toute résistance à l'autorité suprême, toute révolution, toute agitation ou mutinerie cherchant à engendrer le mécontentement au sein de la population, est le plus grand et le plus punissable de tous les crimes. Aussi l'auteur pense-t-il que toute amélioration de l'Etat ne peut être envisagée que par le souverain lui-même. C'est en ces termes qu'il présente sa pensée :

> Un changement politique dans la constitution politique (quand elle contient des défauts), qui peut bien parfois être nécessaire, ne saurait donc être opéré que par le souverain lui-même, à travers une réforme, mais non point par le peuple, à travers par conséquent une révolution[98].

Ce passage de Kant se laisse interpréter comme étant un absolutisme. Norberto Bobbio pense qu'il s'agit d'une conception caractérisant un ensemble de penseurs politiques, de Bodin à Hegel en passant par Hobbes, Kant, etc... Il déclare à cet effet :

> Les grands penseurs politiques qui, par leurs réflexions, contribuent à donner corps à une véritable doctrine de l'Etat moderne sont majoritairement des partisans de la monarchie, de Bodin à Hobbes, de Vico à Montesquieu, de Kant à Hegel.[99]

La deuxième ligne directrice permettant de lire la distinction kantienne des pouvoirs, est celle liée à la séparation participative. En effet ici, le peuple participe, plus ou moins, directement à la prise de décisions du représentant (le monarque) de sorte que soit maintenue la paix sociale. Cette séparation participative des pouvoirs montre qu'avec Kant, le monarque ne doit point

---

[98]- Kant, *Doctrine du droit*, Paris, Flammarion, 1994, p. 139.

[99]- Norberto Bobbio, *L'Etat et la démocratie internationale*, Bruxelles, éd. Complexe, 2001, p.242.

traiter l'ensemble du peuple comme sa propriété, mais comme des co-législateurs appelés à donner leur consentement ou non à la guerre. C'est par là que les hommes acquièrent le statut de citoyen, d'autant plus qu'ils sont désormais détenteurs d'une liberté non seulement formelle, mais également concrète qui leur permette de s'auto-déterminer en cas de crise grave dans le pays. Les citoyens se trouvent, de ce fait, intégrés dans la détermination de certains aspects de la marche de l'Etat. Le principe de séparation des pouvoirs permet donc à Kant d'entrevoir une forme de participation du peuple au pouvoir en vue de préserver la paix.

Ce point nous amène à extraire, dans la pensée de Kant, ce qu'il y a de démocratique. Cependant, il ne saurait être question de faire de lui un démocrate contre son gré. Car il qualifie la démocratie de despotique :

> Des trois formes d'Etats (l'autocratie, l'aristocratie, la démocratie), celle de la démocratie est, au sens propre du mot, nécessairement un despotisme parce qu'elle fonde un pouvoir exécutif où tous décident au sujet d'un seul, et, si besoin est, également contre lui (qui par conséquent n'est pas d'accord), par suite une forme d'Etat où tous, qui ne sont pourtant pas tous, décident - ce qui met la volonté universelle en contradiction avec elle-même et avec la liberté.[100]

Pour Kant, la démocratie est donc une forme d'Etat dans laquelle les libertés individuelles ne sont pas réellement respectées. Notre auteur pensait que dans un système démocratique, la minorité vivrait sous la domination de la majorité. Voilà pourquoi un tel système ne rencontre pas son adhésion. Car pour lui, une bonne constitution est celle qui récuse le despotisme dans la mesure où ce mode de gouvernement ne repose pas sur le respect de la liberté du peuple, mais sur l'exécution de la volonté personnelle du régent ou monarque à la place de la volonté générale. Le régime despotique est persuadé que les êtres humains

---

[100]- Kant, *VPP*, op.cit., p. 87.

sont immatures et réductibles aux mineurs. Leur volonté n'est donc pas sollicitée pour déterminer ce qui lui convient. D'où la nécessité de décider en leur lieu et place. Or la constitution républicaine a, entre autres, pour but de récuser toute forme d'infériorisation, de domination (le principe d'égalité). En revanche, prendre en compte les libertés des individus en considérant leur avis, voici le critère à mettre en exergue pour toute constitution se voulant républicaine.

La séparation des pouvoirs chez Kant est établie sur fond d'analogie avec le syllogisme[101] aristotélicien. Les trois pouvoirs deviennent les trois propositions du syllogisme : le pouvoir législatif est la majeure qui contient la loi de la volonté unifiée du peuple, le pouvoir exécutif est la mineure qui renferme l'ordre de se conduire selon la loi ; enfin le pouvoir judiciaire, qui fait office de conclusion, contient la sentence qui permet d'affirmer le droit dans un cas précis. Kant lui-même affirme dans la *Doctrine du droit* :

> Tout Etat contient en soi trois pouvoirs (...) pouvoirs qui sont semblables aux trois propositions d'un syllogisme de la raison pratique : la proposition majeure, qui contient la loi de cette volonté, la proposition mineure, qui contient le commandement de procéder selon la loi, c'est-à-dire le principe de subsomption sous cette volonté, et la conclusion, qui contient l'énoncé du droit (la sentence), savoir ce qui dans le cas considéré est de droit.[102]

---

[101]- A propos du syllogisme, nous donnons ici la définition de Paul Foulquié: "Le syllogisme est une forme de raisonnement par lequel de deux propositions données, on tire une troisième proposition qui s'y trouve implicitement incluse. Ou encore, un raisonnement par lequel de deux termes avec un même troisième (appelé moyen terme), on conclut à leur rapport mutuel. Prenons l'exemple classique dans lequel le moyen terme est *homme* :
Tout homme est mortel ;
Or Socrate est un homme ;
Donc Socrate est mortel.
Le syllogisme est habituellement interprété en extension :
l'homme étant du nombre des mortels ;
Et Socrate étant du nombre des hommes ;
Socrate est du nombre des mortels". Cf. *Dictionnaire de langue philosophique*, quatrième édition, Paris, puf, 1982, p. 704.

[102] - Kant, *D.D.*, § 45

La même rationalité qui caractérise le syllogisme aristotélicien est aussi celle qui régit les trois pouvoirs. Ceci pour montrer que l'état moderne, bâti sur fond de constitution républicaine, est une construction purement rationnelle. La théorie de la séparation des pouvoirs permet donc à Kant de concevoir rationnellement la théorie de l'Etat, indépendamment de toutes influences religieuses. La société civile ou état politique devient pour l'auteur le lieu où doit s'éduquer la sauvage et anarchique liberté de l'homme qui constituait, dans l'état de nature, une menace pour la liberté des autres.

La constitution républicaine, avec son principe de séparation de pouvoirs, est donc le cadre juridique conduisant à la pacification non seulement des individus à l'intérieur de l'Etat, mais aussi au niveau inter-étatique. Avec la constitution républicaine, l'exercice du pouvoir ne se fait plus selon la volonté et les lois d'un seul individu (le monarque), mais selon des lois établies avec le consentement des citoyens constituant le pouvoir législatif. C'est ce qui fait dire à Aloyse-Raymond Ndiaye que « la constitution républicaine est celle qui assure l'exercice du pouvoir selon des lois biens définies, faites avec le consentement des citoyens représentés dans un pouvoir législatif ».[103]

Il importe de rappeler que l'humanisme du XVIIIème siècle avait mis l'accent sur l'unité de l'espèce humaine et prônait la reconnaissance de la dignité politique de l'individu qui passait par l'expression de sa liberté. Cette liberté devrait être définie dans un cadre légal, qui ne pouvait être que celui de la constitution républicaine à travers le principe de la séparation des pouvoirs qui sous-tendait celui de la représentation. A y regarder de près, la constitution républicaine avait donc un rôle majeur à jouer dans la manifestation de la liberté de l'individu. Elle visait la plus grande liberté dans un cadre légal. La constitution républicaine, constitution civilisée, ou républicanisme est, de ce fait, la constitution idéale pour une communauté d'hommes et des femmes susceptibles d'entretenir entre eux des rapports harmo-

[103] - Aloyse-Raymond Ndiaye: « L'essai de Kant sur la paix et l'expérience de démocratisation en Afrique » in *L'année 1795. Kant, essai sur la paix*, Paris, Vrin, 1997, p.380.

nieux au sein de la société. Car la vie en société suppose un minimum de bons rapports. Aux yeux de Kant, elle représente l'unique constitution qui soit véritablement conforme à l'idée de respect des droits de l'homme : « La constitution républicaine, la seule qui soit parfaitement conforme aux droits de l'homme »[104].L'homme dont il s'agit, ici, n'est plus celui qui, autrefois dans l'Ancien régime, était victime d'oppression, de marginalisation, de discrimination et même de réduction à la condition animale, mais désormais celui qui va affirmer son humanité à travers la centralité de sa position dans la nouvelle société civile. Cette affirmation devrait donc se traduire par l'avènement du concept « droits de l'homme ». Max Liniger-Goumaz donne la définition suivante du terme « droits de l'homme » :

> On nomme "droits de l'homme", les droits fondamentaux qui, selon une éthique libérale, doivent être reconnus à tout être humain pour assurer sa dignité propre et permettre l'accomplissement de sa personnalité, abstraction faite de sa situation économique et sociale.[105]

Il s'agit des droits dévolus à toute personne nonobstant les conditions économiques et sociales qui le déterminent. Max Liniger-Goumaz poursuit son analyse en montrant que ces droits s'opposent à la *raison d'état* lorsque celle-ci tente de légitimer l'oppression[106].

Kant, dans sa philosophie du droit, souligne l'intérêt pour les politiques de respecter les droits de la personne humaine. Autrement dit, le respect des droits de l'homme est un devoir de l'Etat envers son peuple. Car la violation de ces droits est considérée comme l'expression d'un abus de droit. Ces droits ont donc été établis pour protéger l'individu contre les agressions de ses semblables et surtout pour le préserver des abus de pouvoir des gouvernements sous lesquels il vit. Car l'homme, en tant qu'être particulièrement vulnérable, a forcément besoin

---

104 - Kant, *V.P.P*, op.cit., p. 88.

105 - Max Liniger-Goumaz, *ONU et dictatures. De la démocratie et des droits de l'homme*, Paris, L'Harmattan, 1984, p. 11.

106 - *Idem.*

d'une certaine forme de protection et de l'assurance que ses besoins les plus fondamentaux seront pris en considération. Or, la constitution républicaine sert de fondement à cet ensemble de droits (les droits de l'homme). La constitution républicaine est donc la loi fondamentale qui devrait être adoptée, selon Kant, par tout état moderne afin que les libertés individuelles soient garanties et que la paix et la sérénité sociale s'installent à l'échelle universelle.

Mais un siècle après Kant, cette expression de « droits de l'homme » va être revisitée notamment par Karl Marx qui considère l'homme défendu par les constituants français, non pas comme l'homme perçu de manière générale, mais essentiellement l'homme bourgeois, luttant pour sa propre émancipation contre l'aristocratie sans se préoccuper du petit peuple. Les droits de la déclaration, selon l'auteur, étaient bien ceux du bourgeois, égoïste, séparé des autres hommes[107]. Karl Marx accentue sa critique en prenant comme élément d'analyse l'idée des droits de l'homme qui, selon lui, ne s'est révélée qu'au XVIIIème siècle. Et il atteste que ces droits ne sont point innés, c'est-à-dire naturels. Car s'ils l'étaient pour l'homme, ces droits seraient antérieurs à cette période, c'est-à-dire le XVIIIème siècle. L'auteur considère ces droits comme le résultat d'une lutte visant à remettre en cause la supériorité juridique de la noblesse qui avait fini par inférioriser l'homme, y compris le bourgeois. Voici d'ailleurs en quels termes Marx précise sa critique :

> L'idée des droits de l'homme ne s'est révélée au monde chrétien qu'au siècle dernier. Elle n'est pas innée à l'homme ; elle se conquiert au contraire par la lutte contre les traditions historiques dans lesquelles l'homme a été élevé jusqu'ici. Ainsi, les droits de l'homme ne sont ni un cadeau de la nature ni une dot de l'histoire passée ; ils sont le prix d'un combat contre le hasard de la naissance et

---

[107]- Karl Marx, « La Question juive », in *Philosophie*, Paris, Gallimard, 1994, p.71.

> contre les privilèges que l'histoire, jusqu'à ce jour, a léguée de génération en génération.[108]

Karl Marx est du XIXème siècle. Lorsqu'il évoque l'idée de droits de l'homme apparue au siècle dernier, il fait ici référence à l'émergence du débat sur les droits de l'homme au XVIIIème siècle, siècle des *Lumières*, mais surtout de la révolution française avec sa déclaration des droits de l'homme et du citoyen.

A ce stade de l'analyse, posons-nous une question : nonobstant la critique de Marx, le travail accompli par les constituants français n'est-il pas pertinent ? Oui, selon nous. En effet, la déclaration des droits de l'homme traduit une grande victoire pour l'homme face à la confiscation de ce qui devrait lui revenir en propre, à savoir les droits, ne serait-ce que le droit d'exister. Avant celle-ci (la victoire), l'homme possédait uniquement des obligations, c'est-à-dire des devoirs. Les droits étaient, au contraire, l'apanage de la classe dirigeante. C'est le rapport traditionnel entre *droits des gouvernants et devoirs des sujets*. Mais avec l'avènement de la déclaration, l'on apprendra que l'être humain est désormais détenteur d'un ensemble des droits qui pré-existent à sa présence dans la société et qu'on appellera *droits naturels*.

Une autre victoire de la déclaration était de sécuriser ces droits. Ainsi, avec la déclaration, autant les individus ont des droits; autant les gouvernants ont des devoirs, à l'instar de celui consistant à respecter les droits naturels qui sont imprescriptibles. La déclaration a donc, dans ce sens, opéré un changement de perspective dans l'univers politique. Car il est évident que bien avant 1789, sous l'Ancien Régime, les droits humains n'étaient pas considérés comme précédant l'autorité du souverain, comme le montre bien Bobbio :

> Les droits ou libertés n'étaient pas reconnus comme antérieurs au pouvoir du souverain, mais étaient concédés ou accordés, et devaient apparaître comme un acte unilatéral de ce dernier. Ce qui revient à dire que sans concession du souverain le sujet n'aurait aucun droit.[109]

108- *Idem*, pp. 68-69.

109- Norberto Bobbio, *L'Etat et la démocratie internationale*, Op.cit., pp.134-135.

Et c'est cette image que la déclaration a fini par renverser en attribuant à l'individu, nous l'avons déjà dit, des droits qui sont indépendants de la volonté du souverain : les droits naturels. Ainsi, l'on retiendra qu'en 1789, les constituants français avaient pris un ensemble de résolutions qui devaient bouleverser le rapport gouvernant - gouverné que l'histoire des idées politiques allait retenir. Ce rapport, selon Kant, devrait se fonder sur la constitution républicaine. Et avec une telle constitution qui institue un régime à base élective, il est évident que le pouvoir de décider d'entrer en guerre ou non n'incombe plus au chef de l'Etat à qui la guerre ne coûte rien, mais au peuple qui subit le martyr. Il s'agit là, à travers le républicanisme, de l'instauration d'un Etat de droit dans lequel tout citoyen devrait être amené à décider ou non de l'opportunité de toute guerre. Car l'Etat de droit n'est pas la propriété d'un maître pour pouvoir en décider tout seul, mais un régime où la souveraineté est accordée au peuple. Et c'est parce que la souveraineté appartient au peuple, que c'est donc à celui-ci que revient le choix des grandes décisions qui concernent la vie de la république. Si le peuple est de ce fait conscient des maux que cause la guerre, alors il s'abstiendra de donner son assentiment. Mature qu'il est parce que faisant usage de son entendement sans commandement extérieur, c'est-à-dire sans l'injonction unilatérale du monarque, le peuple ne choisirait plus l'option de la guerre, mais celle de la paix. Du coup avec le républicanisme, disparaît l'ère des guerres fantaisistes où les rois déclenchaient les hostilités parce qu'ils étaient à la quête d'une gloire ou couraient derrière la satisfaction de leurs appétits personnels. Car une telle conception politique (le despotisme) rend la paix perpétuelle et universelle improbable, et constitue d'ailleurs un danger pour l'humanité. Dans un régime despotique, le peuple n'a ni le droit de mettre un terme aux ambitions guerrières du monarque ni de contrôler les dépenses militaires effectuées en vue de la guerre. Le seul avis du monarque est nécessaire et suffisant pour déclencher les hostilités. Alors que dans un régime qui se fonde sur la constitution républicaine, si le peuple ne se prononce pas en faveur la guerre, celle-ci ne peut avoir lieu. Toutefois, le peuple se réserve le droit de voter la guerre dans le cas où la vie de la nation et de ses membres (les citoyens) est sérieusement menacée, par exemple en cas d'invasion par une nation étrangère. Car il existe dans le droit des gens, le droit international classique, une disposition qui porte sur l'indépendance des Etats que l'on pourrait appeler le droit à l'indépendance. Ce droit stipule que « la nation a le droit fondamental de disposer d'elle-même, de ne pas être envahie par des nations étrangères ».[110]

Si la constitution républicaine se généralise, c'est-à-dire si elle s'étend à toutes les nations, les différents peuples n'opteront plus pour la guerre. Ainsi, la communion universelle s'installera et la paix s'établira. André Tosel affirme que « Kant estime en effet que l'Etat de droit implique par sa généralisation la paix dans les relations internationales et élimera tendanciellement les guerres »[111]. Ce que Tosel appelle Etat de droit, l'Etat régi par la constitution républicaine, c'est ce qu'on appelle de nos jours l'Etat démocratique qui est un régime à base élective. Le constat qui nous est donné de faire, c'est qu'effectivement les risques de guerre entre deux démocraties sont très faibles qu'entre les pays aux régimes politiques différents. Lorsqu'éclate un conflit entre deux démocraties par exemple, on le résout par la négociation ou autres formes d'interventions qui ne nécessitent pas forcément le recours à la force. En revanche, le risque d'affrontement est très grand entre une démocratie et un pays au régime politique différent. C'est ce qui s'est traduit par les interventions américaines dans le golfe persique en 1991 où en Afghanistan en 2001. Arnaud Blin dira, à cet effet, que « les démocraties ont autant de chances d'entrer en conflit avec des pays non démocratiques que n'importe quel type de pays »[112].

Pour Kant, dans une constitution où l'individu n'est pas citoyen, et par conséquent une constitution qui n'est pas républicaine, à l'instar d'une constitution despotique, la guerre est plus facile à décider au plus haut sommet de l'Etat par le souverain qui, loin d'être un simple membre de l'Etat, est plutôt le pro-

---

110 - André Tosel, *Kant révolutionnaire, droit et politique*, op.cit., p.97.

111 - *Idem*, pp : 96-97

112- Arnaud Blin cité par Charles-Philippe David, *La guerre et la paix, approches contemporaines de la sécurité et de la stratégie*, Paris, Presse de la fondation nationale de sciences politiques, 2006, p. 121.

priétaire de l'Etat. Et le peuple n'est pas considéré comme l'ensemble des citoyens, mais comme l'ensemble des sujets. A ce titre, il (le peuple) ne peut, en termes kantiens, faire un usage libre de son entendement. Il vit donc sous la domination. A y regarder de près, la constitution républicaine a opéré un changement de perspective au niveau de la souveraineté, en tant que pouvoir de décider en dernière instance. En effet, jadis réservé au monarque, avec l'avènement du républicanisme, ce pouvoir devient l'apanage du peuple.

Les Etats où les peuples ne voulant donc plus se nuire mutuellement en se faisant la guerre, parce qu'étant devenus des Etats de droit par le biais de la constitution républicaine, peuvent au moins s'unir et former une communion universelle. C'est seulement à ce titre que la paix universelle et perpétuelle verra le jour et que la sérénité s'établira. C'est parce que la constitution républicaine aura préalablement rendu possible la pacification politique des libertés entre les individus au sein des différents Etats qu'il sera plus facile pour tous ces Etats de s'acheminer vers un environnement universel de paix. Car l'avènement de l'homme sur terre ne le prédisposait pas à n'être réduit qu'à l'animalité (ce qui rendrait insensée l'idée kantienne du progrès du genre humain vers le mieux), mais à s'humaniser par la sociabilité dont le fondement juridique repose sur la constitution républicaine. Kant pense que « l'homme est destiné par sa raison à exister en société avec des hommes et à se cultiver, se civiliser, se moraliser dans cette société »[113].

La constitution républicaine institue donc un Etat considéré comme le point de départ du progrès du genre vers le mieux. Ce mieux peut être entendu comme l'instauration d'un environnement mondial pacifié. L'Etat institué par cette constitution est déjà lui-même une marque du mieux. Car il est jugé meilleur par rapport à l'état précédent (l'état de nature), espace où la bestialité humaine se mettait en acte. Dans cet état de nature, les actes de l'homme sont beaucoup plus guidés par l'instinct. Par

---

[113] Kant, *Anthropologie du point de vue pragmatique*, trad. Alain Renaut, Paris, Flammarion, 1993, p. 314.

contre dans l'Etat fondé sur la constitution républicaine, ses actes sont régis par le droit et donc guidés par la raison. Kant parle alors d'Etat juridique, qu'on appelle de nos jours Etat de droit.

5) – Le principe de représentation

Nous terminons ce chapitre en évoquant le principe de représentation. Son intérêt, chez Kant, consiste à limiter le pouvoir de l'exécutif pour garantir les droits de l'ensemble des citoyens et partant promouvoir leur épanouissement en prenant réellement en compte leurs intérêts. Or, pour donner de la consistance à une telle démarche, il est souhaitable que la volonté générale soit concentrée entre les mains de l'assemblée du peuple et s'établisse de façon plus concrète par les lois. Telle est, du moins, la thèse à laquelle souscrit Rousseau. Selon lui, la volonté générale, en tant que résultante des volontés particulières, et à laquelle l'homme doit se soumettre, est inaliénable. Autrement dit, il est impossible d'admettre une délégation à une entité représentative. Rousseau refuse donc l'idée de corps intermédiaires qui bafoueraient l'unicité du peuple. Ainsi, contre la représentation qu'il considère oligarchique, il souhaite créer une démocratie directe. En effet, dans une démocratie directe, tous les citoyens, sans l'intermédiaire des représentants élus ou désignés, peuvent participer à la prise de décisions publiques. Rousseau voit en cet acte une manière d'accorder au peuple toute la souveraineté. Or, c'est précisément sur ce point que Kant et lui se séparent. En effet, selon Kant, une forme d'Etat qui ne s'inscrit pas dans une logique représentative, obéit à un mode de gouvernement despotique. C'est le cas de la démocratie[114]. Ici, et d'après lui, chaque individu dans le peuple, en cherchant à imposer sa loi, « veut être le maître »[115]. Ce qui paraît déjà contradictoire avec l'idée du consensus. Dans sa perspective, l'autorité de l'exécutif ne doit pas être concentrée en une seule

[114] - En effet pour Kant, la démocratie n'est pas un mode de gouvernement à l'instar du despotisme et du républicanisme, mais plutôt une forme de l'Etat comme le sont aussi l'autocratie et l'aristocratie.

[115] - Kant, *Projet de paix perpétuelle*, Paris, Vrin, trad. J. Gibelin, 1948, p. 20.

personne au risque de voir ce dernier faire exécuter sa volonté particulière à la place de la volonté générale. Cette autorité ne doit non plus être élargie à l'ensemble des citoyens pour éviter l'anarchie. Elle (l'autorité de l'exécutif) doit plutôt se restreindre à quelques membres, et donc être représentative. Telle est la condition d'un mode de gouvernement républicain. Kant affirme :

> Plus le personnel de l'autorité gouvernementale est restreint (c'est-à-dire le nombre des gouvernants) et plus par contre la représentation en est grande, plus la constitution de l'Etat s'accorde avec la possibilité du républicanisme.[116]

La question de la représentation dans la philosophie politique de Kant est donc celle du passage du pouvoir de l'exécutif de l'ensemble des citoyens dans son entièreté à un nombre réduit des gouvernants. Ce qui explique l'aversion de Kant envers la démocratie, entendue comme un mode de gouvernement où le peuple est lui-même législateur, contrairement donc à Rousseau.

Est-il besoin de préciser, à mon sens, qu'une telle démocratie prônée par Rousseau où le peuple décide de façon directe sans le recours des représentants, ne peut être praticable que dans un espace politique de population réduite. Mais dans les sociétés modernes où les communautés sont devenues trop vastes, la démocratie directe pourrait révéler ses limites. Ce qui signifie qu'aujourd'hui, la forme la plus commune de démocratie, qu'il s'agisse des grandes ou petites communautés, est la démocratie représentative. Ici, les citoyens élisent des représentants chargés de prendre des décisions politiques, d'élaborer des lois et d'administrer des programmes pour le bien commun. Ainsi au nom du peuple, ces représentants peuvent délibérer, de façon réfléchie, sur des questions complexes en rapport avec la vie de la nation.

Arrivés au terme de cette première partie, nous mettons en lumière l'idée selon laquelle le républicanisme avait été conçu

---

[116] - *Idem*

et établi pour arracher l'individu de sa situation de damné de la société et l'élever en dignité à travers un certain nombre d'acquis politico-juridiques qui se traduisaient en termes de droits et dont la finalité était de contribuer à sa réalisation en tant qu'être de raison. Autrement dit, le républicanisme, en tant que théorie politique, devrait créer un ensemble de conditions politiques, juridiques, et même économiques et sociales pour faciliter l'épanouissement réel de la personne humaine. Le territoire Français, en tant qu'espace d'application du républicanisme, a-t-il annihilé les inégalités ? Dans une perspective juridique oui, d'autant que tous les citoyens sont égaux en droit comme le garantit la constitution. Mais les inégalités observables dans la société sont d'ordre naturel et liées à la différence de talent, de compétence, etc. Il est évident qu'un ingénieur en aéronautique employé chez *airbus industrie* ne peut avoir ni le même niveau de rémunération ni le même train de vie qu'une simple femme de ménage. Cette inégalité de conditions sociales ne doit, en aucun cas, se transformer en inégalité juridique. Tous les deux naissent et demeurent libres et égaux en droit. C'est donc là une victoire à créditer au compte du républicanisme. Car sous l'Ancien Régime, les hommes, dans leur grande majorité, ne naissaient pas tous libres, mais dans la servitude. Ils étaient, de ce fait, des sujets, des mineurs et il fallait décider en leur lieu et place de la voie à suivre pour la réalisation de leur bonheur. Mais selon Kant, toute incursion de l'Etat dans le domaine du bonheur des individus relève du despotisme *:*

> Un gouvernement qui serait fondé sur le principe de la bienveillance envers le peuple, comme celui d'un père envers ses enfants, c'est-à-dire un gouvernement paternaliste, où les sujets sont forcés de se conduire d'une manière simplement passive, à la manière d'enfants mineurs, incapables de distinguer ce qui leur est vraiment utile ou nuisible et qui doivent attendre simplement du jugement du chef de l'Etat la manière dont ils doivent être heureux et simplement de sa bonté qu'également il le veuille, est le plus grand despotisme qu'on puisse concevoir (c'est-à-dire une constitution

> qui supprime toute liberté pour les sujets qui ainsi ne possèdent aucun droit)[117].

L'Etat, en tant que dépositaire et exécutant de cette création humaine qu'est la liberté (celle qui est garantie par la loi), n'a pas le droit de s'immiscer dans le choix du bonheur des individus. La loi vient certes limiter la liberté de chacun pour permettre celle de tous. Mais elle ne contraint pas l'individu à être heureux[118]. Sous l'Ancien Régime, les individus étaient donc passifs politiquement et infantilisés. Or sous le républicanisme, ils deviennent des citoyens, des êtres actifs politiquement, c'est-à-dire qu'ils participent à la prise de décisions publiques qui prennent réellement en compte leurs intérêts et leurs besoins fondamentaux afin d'atteindre la plénitude de leur existence. La constitution républicaine kantienne est bien l'expression de la liberté des citoyens dans les limites mêmes fixées par la loi. Mais ce républicanisme, tel qu'appliqué dans l'organisation politique des Etats africains et surtout à l'épreuve des faits, a-t-il satisfait de nombreux horizons d'attente ?

---

117 - Kant, *Théorie et pratique*, op.cit., p.65.

118 - Cette prise de position de Kant, qui renvoie aussi au point de vue libéral, est une critique contre l'Etat providence, cet Etat qui conçoit les schémas directeurs du bonheur en lieu et place des hommes eux-mêmes.

DEUXIEME PARTIE

BILAN ET PERSPECTIVE DU REPUBLICANISME EN AFRIQUE

1960-1990

Lors de l'accession des colonies françaises de l'Afrique centrale et occidentale à la souveraineté internationale en 1960, le mode de gouvernement choisi pour administrer ces jeunes Etats était le républicanisme. *De facto*, ces Etats, à l'instar du Gabon, devenaient des Républiques, leurs différentes constitutions étant élaborées sur fond d'emprunts à la constitution française de 1958, communément appelée la Ve République. Dans cette deuxième partie de l'ouvrage, notre étude va donc porter sur le républicanisme en Afrique, en essayant, autant que faire se peut dans un premier chapitre, de dresser un bilan et, dans un second, d'esquisser quelques perspectives.

CHAPITRE I : BILAN DU REPUBLICANISME EN AFRIQUE

Le présent chapitre a pour objet d'indiquer que la gestion du pouvoir, telle que fut organisée dans certains Etats africains, a débouché, d'après notre analyse, sur un bilan peu élogieux du républicanisme.

I - Moins de républicanisme et plus de despotisme

Le sommet de la Baule[119], du 19 au 20 juin 1990, en subordonnant l'aide publique de la France à l'ouverture démocratique des Etats africains, avait sans doute procédé à une récusation officielle des régimes autocratiques de ces Etats dont les constitutions étaient taillées sur mesure. Autrement dit, il s'agissait de constitutions qui protégeaient et garantissaient le pouvoir des régimes en place, parfois au détriment du consentement du peuple. Sur ce point, le Gabon n'était pas une exception. Mais avant d'aller plus loin dans l'examen de l'exercice du pouvoir en Afrique, revenons sur ce qu'est le républicanisme.

1) - Rappel définitionnel du républicanisme.

Nous avons montré, dans la première partie de l'ouvrage, que la constitution républicaine est, dans l'esprit de Kant, un mode de gouvernement qui fonde son organisation sur l'usage et le respect d'un certain nombre de principes, parmi lesquels se trouvent ceux de la liberté, de l'égalité, de dépendance et de la

---

119 - La Baule est une petite commune française située dans la région du pays de la Loire (Nord-ouest de la France). C'est dans cette localité que les chefs d'Etat africains étaient des hôtes du Président français François Mitterrand lors d'un sommet en 1990. Selon les déclarations du chef de l'Etat français, s'adressant à ses invités, « la démocratisation des régimes politiques et la gestion responsable des finances publiques seront des conditions indispensables pour une aide au développement venant de la France ». Voir, à ce propos, Tim Auracher, *Le Gabon, une démocratie bloquée ? Reculs et avancées d'une décennie de lutte*, Paris, L'Harmattan, 2001, p. 13.

séparation des pouvoirs. Dans son acception juridique, le terme « constitution »renvoie à un « ensemble de règles, de principes ou de coutumes qui déterminent les modalités de la dévolution et de l'exercice du pouvoir politique »[120]. Il s'agit d'une somme de textes juridiques qui définit la compétence de divers organes de l'Etat et les relations qu'ils entretiennent entre eux. Elle (la constitution) fixe également les règles selon lesquelles doit s'exercer le pouvoir d'édicter les lois. A ce titre, elle est considérée comme la norme juridique la plus élevée, la norme suprême. Dans la structure pyramidale des normes juridiques existantes, qui fait d'ailleurs écho au juriste autrichien Hans Kelsen et qui est reprise par Renaud Denoix de Saint Marc[121], la constitution occupe le sommet de la pyramide. Puis, viennent les engagements internationaux, les lois, les règlements. « A la base de la pyramide, figurent les décisions administratives ou les conventions entre personnes de droit privé »[122]. On range dans cette dernière catégorie, les arrêtés ministériels, préfectoraux et municipaux. A ce stade de l'analyse, marquons un temps d'arrêt pour examiner cette structure pyramidale. Selon nous, la constitution, en tant que norme juridique de la plus haute importance, ne peut se situer au sommet de la pyramide au risque d'assister à un effondrement de la structure. En tant que ce qui permet de fonder d'autres textes juridiques, la constitution doit plutôt figurer à la base de la pyramide. Car en termes de perception imagée liée au poids, et donc à l'importance, elle est plus lourde que d'autres normes. D'où la nécessité de la placer en ce lieu de telle sorte qu'elle devienne le support de l'édifice juridique d'un Etat, d'autant que dans le cas pratique d'un immeuble par exemple, les fondations n'occupent pas le sommet de la structure qui est plutôt réservé à la charpente. Elles sont toujours en bas. Il en est de même de la constitution. Ainsi, la place occupée par la constitution, en tant que loi fondamentale, dans la représentation pyramidale de Kelsen ne rencontre pas notre adhésion. Dès lors, ne faut-il pas

---

120 - Renaud Denoix de Saint Marc, *L'État*, Paris, puf, 2012, p. 18.

121 - *Idem*, p. 17.

122 - Franck Baron, *Les institutions de la France*, Paris, La documentation française, 4e édition, 2013, p. 16.

proposer un mode de lecture de la pyramide des normes diamétralement opposé à celui de Kelsen, c'est-à-dire en procédant du bas vers haut, autrement dit de la base vers le sommet ? Le renversement de ce mode de lecture de la pyramide des normes trouve son fondement, d'après nous, dans le panthéisme. En effet, le mot « panthéisme » vient du grec ancien *pan* (πὰν) : « tout » et *theos* (θεός) « dieu ». Il s'agit d'une conception philosophique selon laquelle Dieu n'est pas un être personnel et transcendant au monde, mais un être immanent au monde, en ce sens qu'il est tout et dans tout ce qui existe dans la nature. Si par ailleurs, Dieu apparaît comme l'être ayant inspiré la loi fondamentale aux hommes, et en ceci qu'il soit dans la nature, alors il importe de situer la loi fondamentale non plus au sommet de la pyramide, mais au bas de celle-ci et postuler une lecture de cette pyramide en partant bien du bas vers le haut. Mais comme la conception pyramidale de Kelsen est largement partagée, alors travaillons avec cette dernière en poursuivant notre analyse. En effet, la constitution, en tant que loi fondamentale, constitue – on ne le dira jamais assez - la base de l'édifice juridique d'un Etat. A ce titre, elle ne doit pas se laisser réviser au gré des humeurs des individus. Celle des Etats-Unis, par exemple, selon Franck Baron, est restée la même depuis 1787[123]. En revanche, celle de la France est entrée dans sa cinquième révision le 04 octobre 1958[124]. Depuis cette date, deux modifications majeures ont été enregistrées : en 1962 avec l'élection du Président de la République au suffrage universel direct ; ensuite en l'an 2000 avec la réduction du mandat présidentiel de sept à cinq ans. Mais le comble de cette pratique de révision constitutionnelle est atteint en Afrique où les Chefs d'Etat en exercice modifient sans cesse les constitutions de leurs Etats pour servir leurs intérêts, surtout lorsqu'ils se sentent acculés- c'est souvent le cas- par la loi relative à la limitation du mandat présidentiel, étant donné que leur dessein inavoué est de s'éterniser à la tête de l'exécutif. Sur ce point, le cas du Gabon est une illustration. En effet, le septennat, en tant que durée du

---

123 - *Idem*, p. 18.

124 - 1791, 1793, 1875, 1946, 1958.

mandat présidentiel, avait été adopté par la constitution du 21 février 1961 en son article 7 qui disposait :

> « Le Président de la République est élu pour sept ans au suffrage universel direct. Il est rééligible »[125].

Cette disposition est restée en vigueur jusqu'en mars 1991, où, sous l'impulsion d'une nouvelle classe politique dite de l'opposition, et après moult tractations entre une assemblée constituante et l'assemblée nationale monocolore, on avait finalement procédé à une révision constitutionnelle au cours de laquelle le mandat présidentiel avait été ramené à cinq ans, renouvelable une seule fois comme le précisait l'article 9 :

> « Le Président de la République est élu pour cinq ans au suffrage universel direct. Il est rééligible une fois »[126].

Mais quelques années plus tard, Omar Bongo modifie la constitution et réintroduit le septennat lors de la révision constitutionnelle du 19 août 2003, en son article 9 :

> « Le Président de la République est élu pour sept ans au suffrage universel direct. Il est rééligible »[127].

Cette disposition, comme d'ailleurs celle de la constitution du 21 février 1961, ne précise pas le nombre de mandats présidentiels possibles. Ce qui donnait alors l'opportunité au Président de la République de se faire réélire autant de fois qu'il le souhaitait. A y regarder de près, il s'agissait bien d'une mesure visant à demeurer au pouvoir jusqu'à ce que mort s'en suive. C'est d'ailleurs ce qui s'est produit dans les faits, lorsqu'il dé-

---

[125] - Confer l'article 7 de la loi constitutionnelle gabonaise n°1/61 du 21 février 1961.

[126] - Voir l'article 9 de la constitution gabonaise du 26 mars 1991, modifiée par les lois du 18 mars 1994, du 29 septembre 1995, du 22 avril 1997 et du 11 octobre 2000.

[127] - Voir l'article 9 de la loi constitutionnelle gabonaise n° 13/2003 du 19 août 2003.

cède en 2009, en plein exercice de ses fonctions et après 42 ans de règne sans alternance.

Certes, une constitution n'est point rigide. Elle s'inscrit forcément dans une perspective dynamique d'autant qu'elle doit être adaptée à l'évolution politique et juridique d'une société. Par ailleurs, si le but de la révision constitutionnelle est de combler un vide juridique en vue de réparer une discrimination, comme ce fut le cas en Afrique du Sud en 1991[128] où en France en juillet 2008[129], alors cette idée rencontre notre approbation. Mais si l'on modifie une constitution pour satisfaire les ambitions politiques d'un individu dont l'aspiration personnelle n'est guère le résultat de la volonté générale, une telle modification doit être dénoncée. Car ici, la souveraineté est bien dévolue au peuple et non au chef de l'exécutif qui cherche à s'accrocher au pouvoir en changeant les lois. Guillaume Glénard, rapportant les propos des membres de la convention française de 1792, dira de la république qu'elle « n'est pas seulement l'antonyme de la royauté, elle est aussi une forme de gouvernement qui écarte plus largement le pouvoir d'un seul »[130]. Il ressort de là, que la République n'est pas un espace privé appartenant à un individu, soit-il, un chef d'Etat qui se lance dans la prise de décisions visant à la satisfaction de son intérêt personnel, mais un espace politique public qui crédibilise l'ensemble des citoyens, en faisant d'eux des auteurs des lois à travers l'expression de leur liberté politique ; des lois auxquelles nous devons tous nous soumettre, y compris le chef de l'exécutif. Si donc son mandat présidentiel est arrivé à terme conformément à la loi, il doit s'y soumettre et non procéder à des stratagèmes politiques pour s'y maintenir.

---

128 - En 1991, l'Afrique du Sud se dote d'une nouvelle constitution sans discrimination raciale.

129 - Le 23 juillet 2008, la France a procédé à une révision constitutionnelle en faveur de l'égal accès des femmes et des hommes aux mandats électoraux et aux fonctions électives en les étendant aux responsabilités professionnelles et sociales. Voir, sur ce point, Franck Baron, *Les institutions de la France*, op.cit., pp. 30-31.

130 - Guillaume Glénard, « La république des origines, 10 août 1792 -21 janvier-6 avril 1793 », in Michel Biard (dir), *1792, entrer en République*, Paris, Armand Colin, 2013, p. 33.

Il semble, par exemple, que c'est dans cette perspective, celle de conservation du pouvoir par des stratagèmes politiques que le Burkinabè Blaise Compaoré était en train de s'inscrire. Arrivé à la tête de l'exécutif en octobre 1987 à la faveur d'un coup d'Etat au cours duquel son prédécesseur Thomas Sankara fut tué, Blaise Compaoré a dirigé le pays pendant 27 ans sans alternance. Selon certains observateurs avertis de la vie politique burkinabè, le Président du Faso cherchait à instaurer le Sénat à des fins personnelles. Car cette chambre, selon les textes qui devraient fixer son organisation et déterminer ses compétences, aurait la possibilité de modifier l'article 37 de la Constitution pour ouvrir la voie à une nouvelle candidature du Président en exercice. Cet article 37 dispose :

> « Le Président du Faso est élu pour cinq ans au suffrage universel direct, égal et secret. Il est rééligible une fois »[131].

En novembre 2010, Blaise Compaoré avait été réélu à la tête de l'Etat pour un dernier mandat présidentiel qui prenait fin en 2015. La constitution ne lui permettait plus de briguer un autre mandat. Or, la détermination avec laquelle il cherchait à réviser la constitution depuis 2013 pour instituer un Sénat laissait libre cours à toute rumeur, à toute interprétation, notamment celle en rapport avec la candidature à sa propre succession. La date du jeudi 30 octobre 2014 avait été retenue pour procéder au vote par le parlement de la mesure autorisant la révision constitutionnelle. Mais l'histoire va prendre une autre tournure, celle de sa chute dont les événements vont s'accélérer entre le lundi 27 et le vendredi 31 octobre 2014. En effet, dès le lundi 27 octobre, l'opinion nationale à travers la société civile, et singulièrement les associations de femmes, bat le bitume pour dénoncer la manœuvre politicienne en cours et demander à Compaoré de renoncer à son projet. Mais l'homme demeure imperturbable. Le jeudi 30 octobre, jour du vote, une insurrection populaire éclate : la société civile et les militants des partis politiques de l'opposition prennent d'assaut, dans la matinée, l'assemblée

---

131 - Confer l'article 37 de la constitution du Burkina Faso, Loi N° 003-2000/AN du 11 avril 2000.

nationale et y mettent le feu. Les manifestants marchent, ensuite, en direction du palais présidentiel. Ils vont être stoppés par la garde présidentielle de Compaoré. Plus tard, dans la nuit, Blaise Compaoré fait une déclaration et annonce un certain nombre de mesures parmi lesquelles l'abandon de la révision constitutionnelle et la dissolution du gouvernement. Mais l'opposition politique burkinabè rejette ses mesures et demande purement et simplement son départ du pouvoir. Ainsi, le vendredi 31 octobre 2014, à 13h30, le Président annonce sa démission dans un communiqué, Après vingt-sept années passées à la tête du pays. La foule rassemblée sur la place de la Nation salut par une explosion de joie cette annonce. Voilà comment l'histoire d'une révision constitutionnelle à des fins personnelles s'est révélée être celle d'un serpent qui se mord la queue, c'est-à-dire celle d'un individu qui s'autodétruit, qui s'invite à quitter le pouvoir. Ce qui prouve a posteriori que cette initiative n'était guère le résultat de la volonté générale, à en juger donc par la vague de condamnations qui s'en est suivie. Il est évident que si Kant vivait, le processus révolutionnaire au Burkina faso aurait traduit à ses yeux une lueur de satisfaction d'autant que ces événements signifieraient pour lui un bon spectaculaire du peuple burkinabè et partant du monde africain vers la réalisation du progrès de l'histoire universelle, celle qui culmine dans la liberté.

Après Blaise Compaoré, l'opinion internationale a, en ce mois de janvier 2015, le regard rivé vers la République démocratique du Congo et vers le Congo Brazzaville où respectivement les présidents Joseph Kabila Kabange et Denis Sassou-Nguesso nourrissent l'ambition de modifier leurs différentes constitutions pour se cramponner au pouvoir comme s'ils refusaient de tirer les leçons de l'histoire. Le premier cité avait jaugé la température sur la recevabilité de son projet au sein de l'opinion nationale dès mars 2014 à la faveur d'un sondage dont les résultats allaient paraître désastreux. Pourtant, il n'a point cédé au découragement. L'article devant faire l'objet d'une révision est le 220 qui stipule en substance :

> « Le nombre et la durée des mandats du Président [...] ne peuvent faire l'objet d'aucune révision constitutionnelle »[132].

Dans une disposition se situant au début de la constitution et relative à l'organisation et à l'exercice du pouvoir, il est clairement établi que « *le mandat du Président de la République n'est renouvelable qu'une seule fois* »[133]. En termes clairs, comprenons que la constitution qui est entrée en vigueur le 18 février 2006 avait fixé le durée du mandat présidentiel à 5 ans et renouvelable une seule fois. Or, Joseph Kabila Kanbange a été élu en 2006 et réélu en 2011 pour un dernier mandat qui prend fin en 2016. Il est donc évident qu'à cette date, il est condamné à quitter le pouvoir. Mais probablement guidé par l'appétit des honneurs, l'option consistant à modifier l'article 220 de la constitution pour tenter de changer le nombre ou la durée des mandats présidentiels dans l'intention de prolonger son existence à la tête de l'Etat est envisagée. Cependant, face au refus clairement exprimé par les partis politiques de l'opposition et à la pression de la communauté internationale, cette option devient désuète. Kabila et les siens changent de stratégie et veulent désormais agir sur la loi électorale. Malheureusement, durant quatre jours, entre le 19 et le 22 janvier 2015, le pays est secoué par une vague de violentes manifestations contre le projet de cette loi électorale du gouvernement ; manifestations fortement réprimées par les forces de sécurité. Aussi, les autorités congolaises trouvent-elles mieux de retirer, le 25 janvier 2015, l'alinéa 3 litigieux de l'article 8 de la loi électorale qui liait les futures élections au recensement général de la population. 2016 reste donc l'année de la prochaine présidentielle. Ainsi, la constitution républicaine en R.D.C. a été sauvée d'une manipulation dont l'intérêt devrait servir une portion très congrue de la population, singulièrement la classe politique au pouvoir. Il est entendu que cette pratique de révision constitutionnelle à des fins

---

132 - Cf. la constitution de la RDC de mai 2005, adoptée par voie référendaire les 18 et 19 décembre 2005 par le peuple congolais, promulguée par le Président de la République et en vigueur depuis le 18 février 2006.

133 - *Idem*

personnelles est une voie contraire à l'idéal d'un bon républicain vivant dans une bonne société, celle régie par une bonne constitution : la constitution républicaine. Toutefois, quel bilan tiré de cette constitution en Afrique de 1960 à 1990 ?

2) - Constitution républicaine et exercice du pouvoir en Afrique de 1960 à 1990 : entre théorie et pratique. Quel bilan ?

A la proclamation des indépendances des Etats africains francophones, la constitution républicaine dans son principe, et donc considérée du point de vue de sa théorie, c'est-à-dire en tant que quête de la liberté par ceux qui, depuis lors, étaient assujettis à la force mécanique de la domination, avait suscité, loin s'en faut, beaucoup d'espoir d'une vie politique sereine autant chez les gouvernés que chez ceux appelés à gouverner. Si historiquement en Occident, cette constitution apparaissait comme une limitation juridique de l'absolutisme du pouvoir s'abattant sur le petit peuple, en ce sens qu'elle permettait de reconnaître non seulement divers moyens de contrôle et de limitation de l'activité gouvernementale, mais encore elle consacrait le suffrage comme source légitime de l'accès au sommet de l'exécutif, en Afrique, son adoption signait l'acte officiel d'une prise en main par les Africains de leur destin politique. Car depuis que Montesquieu[134] a subordonné l'exercice de la liberté politique à la présence d'une constitution, de préférence républicaine, les régimes constitutionnels étaient de plus en plus assimilés aux formes vertueuses de pouvoir. C'est dans cette perspective que cette constitution, me semble-t-il, avait fait l'objet d'une appropriation africaine, même si Dmitri Georges Lavroff pense le contraire. En effet, selon lui, l'organisation constitutionnelle du pouvoir politique avait été imposée aux nouveaux Etats africains[135]. Mais, existait-il d'autres alternatives constitutionnelles pouvant s'offrir à ces jeunes Etats ?

---

[134] - Montesquieu, *De l'esprit des lois,* Paris, Editions Garnier, 1956, tome I, p. 161.

[135] - Lavroff Dmitri Georges**,** *Les systèmes constitutionnels en Afrique noire : les Etats francophones*, Paris, Pedone, 1976, p.15.

Nous croyons que non. Car pour rester dans l'optique de Kant, soit une constitution a pour vocation la liberté et elle est républicaine, soit elle s'illustre par la tyrannie et elle est despotique. De ces deux genres de constitutions, celle qui correspondait le mieux aux aspirations politiques des nouveaux Etats africains était la constitution républicaine, celle expérimentée par l'Etat français depuis 1792. Ainsi, que cette constitution ait été imposée ou non, dès lors qu'elle fut conforme aux attentes des nouveaux Etats, elle me paraissait recevable.

Avec l'adoption de la constitution républicaine, l'Afrique semblait donc, en théorie, être bien partie en 1960 pour s'assurer un développement sans ambages et garantir à ses citoyens un épanouissement réel en relevant, sans aucune discrimination, le niveau de vie des populations et ceci dans la liberté politique, celle qui apparaissait comme l'expression du choix des citoyens de participer à la gestion des charges publiques ou de fournir des gouvernants. Cette notion de liberté était si fondamentale dans la constitution républicaine (y compris d'ailleurs de nos jours) qu'elle avait fini par être reprise dans bon nombre de préambules des constitutions des Etats africains. C'est le cas du Gabon dans sa constitution de 1960 :

> « Le peuple gabonais, conscient de sa responsabilité devant Dieu, animé par la volonté de sauvegarder son indépendance et son unité nationales, d'ordonner la vie commune d'après les principes de la justice sociale, réaffirme solennellement les droits et libertés de l'homme définis en 1789 et consacrés par la déclaration universelle des droits de l'homme de 1948. En vertu de ces principes et de celui de la libre détermination des peuples, le peuple gabonais adopte la présente constitution »[136].

Il en est de même du Sénégal dans sa constitution de 1960 :

> « L'Assemblée Nationale,
> Après en avoir délibéré et adopté en sa séance du 25 août 1960, la loi dont la teneur suit :

---

[136] - voir sur ce point, la constitution gabonaise n° 68/60 du 14 novembre 1960.

PREAMBULE

Le peuple du Sénégal proclame solennellement son indépendance et son attachement aux droits fondamentaux tels qu'ils sont définis dans la déclaration des droits de l'Homme et du Citoyen de 1789 et dans la déclaration universelle du 10 décembre 1948. Il proclame le respect et la garantie intangibles :

- des libertés politiques ;
- des libertés syndicales ;
- des droits et des libertés de la personne humaine, de la famille et des collectivités locales ;
- des libertés philosophiques et religieuses ;
- du droit de propriété individuelle et collective ;
- des droits économiques et sociaux »[137].

Au regard de ce qui précède, il était donc du devoir des nouveaux dirigeants africains d'œuvrer pour la promotion et le respect du principe de la liberté. Or, ce qui s'est produit en pratique n'était pas de nature à leur donner un satisfecit. En effet, dans certains pays, on a procédé, à la fin des années 1960, à une suppression du multipartisme[138], considéré comme l'expression de la liberté politique des citoyens. Le multipartisme avait connu son effervescence au sortir de la seconde guerre mondiale, et plus encore avec les indépendances en 1960. Excepté quelques rares pays comme le Sénégal[139] qui avait fait sien le débat poli-

137 - Cf. la constitution de la République du Sénégal, LOI N° 60-045 A.N. du 26 août 1960.

138 - Le togolais Etienne Gnassingbé Eyadema, promu président en 1967, supprime les partis politiques et crée le Rassemblement du peuple togolais (RPT). Le gabonais Albert Bernard Bongo, devenu Omar Bongo, arrivé à la tête de l'Etat en 1967, instaure le monopartisme avec la création du Parti Démocratique Gabonais (P.D.G). En 1969, le Congo Brazzaville, depuis 1960, est géré par un parti politique unique, d'abord le Mouvement National de Révolution (MNR), et plus tard le Parti Congolais du Travail (PCT). Le Niger, sous Hamani Diori, est gouverné selon un régime à parti unique : le PPN-RDA.

139 - L'expression démocratique, entre 1960 et 1990, était une réalité au Sénégal à travers l'existence des partis politiques d'opposition tel que le Parti du rassemblement africain (PRA) qui avait formé une coalition en 1966 avec le parti au pouvoir, l'Union progressiste sénégalaise (UPS). En 1974, est créé le Parti démocratique sénégalais dirigé par Maître Abdoulaye Wade.

tique pluraliste et contradictoire après 1960, d'autres Etats, en revanche, l'avaient purement et simplement supprimé. Ainsi, du Togo au Gabon, en passant par le Mali, le Niger, le Congo Brazzaville, les dirigeants politiques s'étaient résolus à instaurer le monopartisme au motif que la pluralité des partis politiques était une source de division et d'instabilité politique. Mais la raison profonde, selon nous, résidait dans l'idée d'asseoir une domination territoriale sans risque de contestation dont étaient porteurs les partis d'opposition. Il y a aussi un fait non négligeable à noter, c'est que certains dirigeants politiques, propulsés à la tête de l'Etat, n'avaient pas encore intégré la contradiction comme faisant partie du débat politique. Du coup, ils vivaient très mal les prises de position des partis politiques adverses. Car dans leur entendement, le chef est détenteur du pouvoir de décider en dernière instance. Il ne doit point être contredit. Aussi, un chef contredit est-il considéré comme en manque d'autorité. Or, ces nouveaux dirigeants ne voulaient surtout pas montrer à la face du monde qu'ils n'étaient pas maîtres du jeu politique dans leurs Etats, histoire de ne pas trahir la confiance placée en eux par ceux qui avaient œuvré pour leur avènement à ce poste. L'allusion est, ici, faite aux autorités françaises à travers les réseaux de la « Françafrique », terme utilisé pour désigner les relations mafieuses et d'influence de la politique étrangère de la France en Afrique.

Mais comment est-on arrivé à la «Françafrique » ?

Réponse : le Général de Gaulle, arrivé à la tête de l'Etat français en janvier 1959, était persuadé que son pays ne pouvait devenir une grande puissance mondiale sans une indépendance énergétique. A l'époque, l'essentiel de la fourniture énergétique de la France était assurée par l'Algérie. Mais avec la guerre d'Algérie, guerre de libération nationale qui commençait en 1954 et l'indépendance qui s'en suivait en 1962, la France perdait sa mainmise sur l'exploitation du pétrole algérien. D'où, son intérêt de se tourner vers les pays de son ancien Empire colonial de l'Afrique noire, détenteurs d'importantes richesses minières et pétrolières. Mais l'exploitation de ces ressources nécessitait dans les pays concernés une réelle stabilité politique.

Ainsi, il avait été décidé de mettre en place une politique de soutien très active aux dirigeants politiques particulièrement dociles et acquis à la cause française. Un homme avait été chargé par le Général de Gaulle pour mener cette politique : Jacques Foccart. Homme de l'ombre du Général et de Georges Pompidou, il avait instauré, sans état d'âme, un système consistant à déstabiliser des régimes politiques et à hisser au pouvoir certaines personnalités. Dans ce sens, il apparaissait comme un « faiseur de rois ». Sa méthode visait surtout à rendre ces chefs d'États africains dépendants de la France pour mieux exploiter les richesses de leurs pays afin de garantir à la France une fourniture en d'énergie dont elle avait besoin.

C'est donc sous le regard passif des autorités françaises que bon nombre d'hommes politiques africains instaurèrent, entre la fin des années 1960 et 1990, à travers la suppression du multipartisme, des régimes tyranniques à parti unique souvent décriés. Ils s'empressaient d'organiser « des parodies d'élections pour se donner une légitimité et éviter de se retrouver au banc de la communauté internationale »[140]. Ainsi, par l'intimidation ou la fraude, ces gouvernements, se réclamant démocratiques[141], se retrouvaient élus. Mais en réalité, il ne s'agissait pas d'une élection démocratique en tant que telle, d'autant qu'il n'existait pas une pluralité de candidats exigeant un véritable choix de la part du peuple. Une élection démocratique doit être plurielle, en ce sens que les candidats et les partis d'opposition doivent avoir droit de cité et bénéficier de la liberté d'expression pour faire entendre les critiques qu'ils adressent au régime en place. Car la diversité d'opinions enrichit le débat politique et contribue au progrès de la société. Malheureusement, ce à quoi on avait droit à l'époque, étaient des candidatures uniques à la présidence de

---

140 - Fodjo Kadjo Abo, *La pratique de la terreur au nom de la démocratie*, Paris, L'Harmattan, 2009, p.57.

141 - Wilson – André Ndombet pense que c'est une aberration, pour le cas du Gabon, que le parti démocratique gabonais, parti unique, se « dise démocratique, alors que manifestement, on y remarquait une nette concentration des pouvoirs » en la personne du Secrétaire Général du parti, qui n'était autre que le Président de la République. Voir sur ce, Wilson – André Ndombet, *Renouveau démocratique et pouvoir au Gabon (1990-1993)*, Paris, Karthala, 2009, p. 153.

la république avec des élections dont les pourcentages atteignaient les 99,99 pour100, et faisant croire à un vrai plébiscite, alors qu'en réalité le peuple vivait sous la menace. Si dans le républicanisme qui institue le système démocratique, l'abstention est autorisée, en revanche dans les régimes à parti unique à l'époque, elle était formellement interdite. Les moyens de vérification et de pression utilisés pour se rendre compte de l'effectivité du vote massif de la population étaient les contrôles intempestifs de police et de gendarmerie. En effet, lors de ces contrôles, le document exigé à toute personne interpelée n'était pas la carte nationale d'identité, mais la carte d'électeur, celle portant la mention « A voté », délivrée par le bureau de vote dans lequel l'individu a accompli son devoir civique. Ainsi, entre la fin des années 1960 et 1990, le peuple ne disposait d'aucun choix politique. Il ne pouvait exprimer sa liberté. Pourtant en théorie, ces Etats continuaient à s'appeler des républiques (République gabonaise, République togolaise, République du Niger, etc.). Mais en pratique, le mode de gouvernance utilisé n'était plus le républicanisme, mais plutôt, pour paraphraser Kant, le despotisme. Ils avaient institué de véritables Etats policiers où des informateurs rétribués ou volontaires écumaient les coins et les recoins des grandes villes du pays à la recherche de la moindre information en rapport avec la critique du régime en place. Ce qui donnait lieu aux dénonciations de faux complots souvent accompagnées de délations et qui étaient à l'origine de l'instauration « des mesures de sécurité draconiennes se traduisant par des rafles abusives, des actes de tortures, des arrestations et détentions arbitraires »[142]. Le constat qui se dégageait, est que dans bon nombre de ces Etats, le pouvoir en place, entre 1960 et 1990, était toujours sur ses gardes. Mais pourquoi cette frilosité, ce caractère peureux ? Fodjo Kadjo Abo nous donne la réponse :

> « En règle générale, un homme qui arrive au pouvoir par les armes ou à l'issue d'une élection remise en cause par ses adversaires est toujours sur la défensive. Se disant qu'il a des ennemis qui peuvent le renverser à tout moment

---

142 - Fodjo Kadjo Abo, *La pratique de la terreur au nom de la démocratie*, op.cit., p. 67.

ou lui donner du fil à tordre, il est enclin à la méfiance et à la susceptibilité. Le recours à la terreur constitue pour lui une tactique sûre pour décourager d'avance et dissuader tous ceux qui pourraient nourrir l'idée de s'attaquer à son régime »[143].

L'espace public étant donc débarrassé de toute opposition, ce qui était contraire au républicanisme, les autocrates africains étaient sûrs de régner en maîtres incontestés et de jouir ainsi d'une grande sérénité dans leurs différents Etats. Auréolés de cette assurance, ils s'étaient laissés aller à quelques autres abus : nomination à la tête des forces de défense et de sécurité de leurs proches, persécution des opposants, exécutions sommaires, répressions sanglantes, etc. Une autre dérive dont étaient coutumiers ces autocrates: le culte de la personne. Sur ce, Tim Auracher évoque le cas Omar Bongo :

> « Bongo ne se prive pas d'une organisation de propagande énorme, comme par exemple des chansons honorant le « grand camarade », des parades de l'armée ainsi que des élèves et étudiants en uniforme tenant des drapeaux portant la figure de Bongo. Au fil des années, l'université, le stade et le grand boulevard de la capitale portent son nom, le plus grand hôpital de la ville porte celui de sa mère »[144].

Il y avait là un écart considérable entre la manière de gouverner de ces autocrates africains et les valeurs républicaines, singulièrement celle de la liberté, qu'ils étaient censés promouvoir. Cette gouvernance avait débouché sur un constat d'échec qui s'était traduit, au début des années 1990, par une crise sociale sans précédent dans certains de ces Etats. Parmi les facteurs aggravant de cette crise, pour le cas du Gabon, outre les mesures d'austérité imposées par le Fonds Monétaire International (FMI) et la Banque mondiale, Wilson-André Ndombet[145] fait état de la gabegie. En effet, la nomination à certains postes

---

[143] - *Idem*, pp. 61-62.

[144] - Tim Auracher, *Le Gabon, une démocratie bloquée ? Recul et avancées d'une décennie de lutte*, Paris, L'Harmattan, 2001, p. 49.

[145] - Wilson – André Ndombet, *Renouveau démocratique et pouvoir au Gabon (1990-1993)*, op.cit., p. 43.

de direction des gens de peu d'instruction[146] avait plongé le pays dans la tourmente. Ces responsables s'illustraient par des détournements de deniers publics conformément au principe malsain selon lequel « le mouton broute là où il est attaché »[147]. En outre, on remarquait que le mode de désignation de ces responsables n'était pas le mérite intellectuel, mais le militantisme, c'est-à-dire la fidélité et l'activisme au sein du parti démocratique gabonais, le parti unique. Certains nouveaux promus, disait Ndombet, ignorant pour la plupart d'entre eux les critères nécessaires à la gestion du service public, avaient donc contribué à saigner l'Etat[148]. Dans cet Etat ruiné et affaibli, on distinguait *grosso modo* deux grandes classes sociales : les bourgeois et les démunis. Les premiers constituaient 10 % de la population et s'étaient enrichis grâce aux détournements des ressources de l'Etat et menaient une existence en toute impunité. Ces 10 % de la population étaient pour l'essentiel constitués, d'après Tim Auracher, de l'élite au pouvoir qui, au moment fort de la crise, avaient conservé une vie extrêmement luxueuse[149]. Quant aux seconds (les démunis), composés de la grande masse populaire (90 %), vivaient la misère au quotidien et devenaient victimes de railleries et de mépris de la part de la première classe citée. Ne pouvant point tolérer une telle méprise pendant longtemps, la frustration avait atteint son comble et s'en était suivie une explosion sociale. Celle-ci fut récupérée par la classe politique[150] qui l'avait traduite en termes de revendications so-

---

146 - Le président Omar Bongo avait l'habitude de dire qu'il pouvait faire d'un chien un ministre. De manière concrète, cela signifiait qu'il pouvait nommer à un haut poste de responsabilité un homme sans instruction.

147 - Wilson – André Ndombet, *Renouveau démocratique et pouvoir au Gabon (1990-1993)*, op.cit., p. 43.

148 - *Idem*

149 - Tim Auracher, Le *Gabon, une démocratie bloquée ? Recul et avancées d'une décennie de lutte,* op.cit., p.58.

150 - Au temps fort de la crise sociale des débuts 1990, une nouvelle classe politique avait émergé dont les idées fortes étaient diamétralement opposées à l'idéologie du pouvoir en place. Ainsi, cette nouvelle classe se réclamait-elle de l'opposition.

cio-politiques dont les différentes conférences nationales[151], organisées dans certains Etats au début des années 1990, avaient servi d'espace cathartique ou exutoire à tous ceux qui voulaient en découdre verbalement avec le régime en place. Ainsi, partout où sévissait le parti unique, des voix s'étaient levées pour réclamer la démocratisation de la vie politique, entendue comme l'expression de la liberté du peuple qui avait été confisquée. Sur ce, il ne serait donc pas vain d'affirmer que l'organisation du pouvoir en Afrique, entre la fin des années 1960 et début 1990, s'était traduite par une violation constante du principe de liberté cher au républicanisme. Car, en tant que membre d'une société, nous naissons tous libres et égaux. Personne ne tient mon destin entre ses mains. Moi-même je choisis mon orientation politique, mes dirigeants politiques selon ma convenance, à condition de ne pas nuire à la liberté qu'a autrui de viser un but semblable. Or, l'imposition du parti unique avait contraint les peuples vivant dans bon nombre d'Etats africains à la pensée unique, c'est-à-dire à épouser les idées, les lois, non pas celles qu'ils avaient votées ou conçues, mais celles dictées par le régime en place. Dans ce sens, les Assemblées nationales monocolores, dans certains Etats, étaient beaucoup plus de chambres d'enregistrement que de pôles de contre poids. Du coup, les peuples devenaient de sorte d'éternels assistés politiques et par conséquent, privés de liberté. Cependant, nous savons depuis la *Réponse à la question qu'est-ce que les Lumières ?* de Kant que la liberté pour l'homme réside dans sa sortie hors de l'état de tutelle et d'imposition dont il est lui-même responsable. Cet état de tutelle « est l'incapacité de se servir de son entendement sans la conduite d'un autre »[152]. En se laissant guider par les régimes autoritaires au pouvoir, les peuples choisissaient délibérément leur condition. Ce qui est pour Kant un manque de courage et de maturité. Car ces peuples doivent au contraire se donner le courage de faire usage de leur propre entendement sans commandement extérieur,

---

[151] - La conférence nationale du Benin, février 1990 ; celle du Gabon, avril 1990 ; celle du Congo Brazzaville, février 1991 ; celle du Togo, juin 1991 ; celle du Niger, juillet-novembre 1991, etc.

[152] - Kant, *Réponse à la question qu'est-ce que les Lumières ?* , traduit de l'allemand par Françoise Proust, Paris, Flammarion, 2006, p.43.

c'est-à-dire sans le *diktat* des autocrates. C'est d'ailleurs en cela que réside la devise des Lumières : *sapere aude !* Aie le courage de te servir de ton propre entendement[153] ! La mise en application de cette recommandation des *Lumières* était synonyme d'une quête de la liberté par les peuples. C'est ce à quoi on a assisté à travers le mouvement des conférences nationales au sortir desquelles, nous le répétons, la démocratisation de la vie politique avait été exigée.

En somme, on retiendra que la crise politique et sociale enregistrée dans bon nombre d'Etats africains francophones entre la fin des années 1980 et début 1990 peut être interprétée, de nos jours -il s'agit là de mes propres éléments d'analyse- comme un échec du républicanisme qui s'incarnait dans la gouvernance à parti unique, c'est-à-dire le parti-Etat, celui qui avait reçu la mission d'organiser le développement économique et social du pays, autrement dit de promouvoir l'épanouissement des citoyens. Malheureusement, le Parti-Etat avait engendré des dysfonctionnements liés à la persistance des inégalités sociales qui furent dénoncées. Au Gabon, les secteurs universitaire et scolaire avaient constitué le fer de lance de cette dénonciation[154]. C'est donc sur un bilan négatif en matière d'organisation politique dans certains Etats en Afrique francophone que la période allant de 1960 à 1990 s'achève. En théorie, on avait affaire à des républiques, mais en pratique, le mode gestion de ces Etats était despotique. A cet effet, quelle perspective pouvait-on envisager en vue d'assainir la gestion de l'Etat et d'améliorer le sort des populations ?

---

153 - *Idem*

154 - Wilson – André Ndombet, *Renouveau démocratique et pouvoir au Gabon (1990-1993)*, op.cit., p. 51.

CHAPITRE II : PERSPECTIVE DU REPUBLICANISME EN AFRIQUE

Au sortir donc de la décennie 80 et après la vague des conférences nationales, le vœu des populations des Etats francophones africains, surtout celles vivant sous le parti unique, était de voir les dirigeants au pouvoir procéder à un changement de perspective dans la manière de gouverner leurs Etats fondés sur le républicanisme avec par exemple la mise en place des institutions qui consolident l'Etat de droit et partant garantissent les libertés individuelles, d'une part ; et d'autre part, surtout l'instauration des actions politiques visant à réduire les inégalités sociales.

I - Pour une action politique tournée vers plus de justice sociale

La réduction des inégalités dans l'état politique républicain, selon nous, passe par une transformation morale des gouvernants. Car seuls les hommes politiques épris du sens moral peuvent être amenés à poser des actions politiques qui visent non pas la satisfaction de leurs intérêts personnels, mais ceux de tous. Ainsi, dans les lignes qui vont suivre, nous nous proposons de faire état de cette transformation morale de l'homme.

1) - De la transformation morale aux actions politiques désintéressées

En venant au monde, l'être humain n'était pas réduit à vivre la misère absolue, du genre celle que les autocrates africains ont voulu imposer à leur peuple dans des Etats parfois détenteurs des richesses du sol et sous-sol. En subordonnant la politique à la morale, le citoyen s'inscrit dans un processus de perfectionnement moral de son être dont l'utilité est d'un grand intérêt dans la gouvernance de la société. Aussi, Kant établi-t-il le caractère perfectible de l'homme qui culmine dans sa félicité et dont l'espace de réalisation reste l'état politique, un Etat dont le fonctionnement prend ancrage dans la constitution républicaine. Dans cet Etat, l'homme devient, pour ainsi dire, *pro-jet*, puisque le sens de son existence consiste à se projeter dans l'avenir afin qu'il se réalise. Mais pour y arriver, il doit vaincre des obstacles, surmonter les difficultés que Kant nomme *contraintes* :

> « Contrainte civile ou commune, contrainte de la bienséance, contrainte morale et enfin contrainte de la conscience »[155].

Tentons de voir les différentes contraintes dans leur contenu. La première contrainte, la contrainte civile ou commune est la contrainte à laquelle l'homme se soumet après son passage de l'état de barbarie à la civilité, autrement dit de l'état de nature à l'état civil ou politique. Car chacun ne pouvant contraindre l'autre, tous les individus ont donc pris la résolution suivante :

> « Se soumettre à la contrainte commune, ce par quoi furent établies la constitution civile et la contrainte civile »[156].

Pour l'auteur, c'est dans cette constitution que les talents naturels de l'homme seront appelés à se développer. La contrainte civile est aussi celle que Kant appelle la *contrainte de l'autorité*[157]. Elle vise à rechercher l'ordre civil en conciliant les libertés des uns avec celles de tous les autres. Cette contrainte civile peut aussi, selon nous, être appelée contrainte politique. Elle est la contrainte qui, à l'aide des lois publiques et d'une force publique, décourage quiconque veut opposer à l'ordre civil une résistance. Elle (la contrainte civile ou politique) permet donc d'harmoniser les oppositions qui naissent de l'antagonisme des passions des hommes et en même temps de protéger le peuple contre des complots qui peuvent être ourdis de l'extérieur par d'autres Etats. La finalité essentielle de cette contrainte réside dans la réalisation du droit. Elle accomplit cette œuvre de la raison qui exige qu'au point d'intersection des

---

155 - Kant, *Sur le caractère de l'humanité en général*, Paris, éd. Rivages, 2006, p.64

156- *Idem.*

157 - *Idem.*

forces opposées des hommes, parce que poursuivant de façon égoïste leurs passions, s'établisse un équilibre entre les forces humaines de telle sorte que chacun se voit obliger de limiter l'expression de sa force et de se soumettre aux lois publiques et de devenir un bon citoyen. Aussi, Kant estime qu'il suffisait, en vue de la bonne organisation de l'Etat, de combiner entre elles les forces humaines de telle sorte que les unes arrêtent les effets désastreux des autres. Et le résultat serait porté à l'actif de la raison. Car les hommes, tout comme les Etats au niveau inter-étatique, ne pouvaient jamais être garantis contre la violence, ni assurés de faire ce qui leur paraissait juste et bon sans cet appel de la raison[158]. La contrainte politique est donc celle qui permet de rendre effectif l'ensemble des conditions qui favorisent la coexistence des arbitres sous une loi universelle de la liberté tout en laissant à chacun le loisir de chercher son bonheur selon ses propres voies.

La seconde contrainte est la contrainte de la bienséance. Elle est liée au goût, à la modestie, à la politesse, à l'honnêteté. L'autorité ne cherche pas à savoir si dans la société on choisit par goût ou pas, si l'on se conduit par politesse ou pas, si l'on se comporte avec honnêteté ou pas, si l'on n'injurie personne ou pas. Tout ceci n'entre pas dans les attributions de la contrainte civile, mais plutôt dans celles de la contrainte de la bienséance. Elle est donc la contrainte par laquelle les hommes agissent de manière suivante :

> « Ils se contraignent en considération des autres, par bienséance ; ils s'abstiennent de beaucoup de choses parce qu'elles ne s'accordent pas à l'opinion d'autrui »[159].

En d'autres termes, la contrainte de la bienséance est le fait d'hésiter de poser des actes qui ne rencontrent pas l'assentiment d'autrui.

La troisième contrainte est la contrainte morale. Elle réside dans le fait que chaque individu a tellement peur du jugement moral de son semblable qu'il est obligé de poser, dans la vie

---

158 - Kant, *D.D.*, § 44.

159 - Kant, *Sur le caractère de l'humanité en général*, op.cit. , p. 65.

courante, des actes qui sont de grande probité et de pure moralité[160]. C'est que tout homme, par le simple fait d'être membre d'une société, bénéficie du droit de porter un jugement sur la conduite morale d'autrui. C'est parce que je ne veux pas gêner autrui ou lui donner l'occasion de me juger moralement négatif que je m'arrange à me comporter moralement correct. Si tous les citoyens agissent de la sorte, alors chacun sera considéré par l'autre comme quelqu'un de probe, d'intègre. La contrainte morale est donc la contrainte à partir laquelle tout un chacun juge l'autre selon la moralité de son caractère. C'est la contrainte, selon nous, qui sied à l'homme politique.

Enfin dernière contrainte, la contrainte de la conscience, de la propre conscience de l'homme, celle qui veut que chaque individu « juge de son comportement moral par cette conscience d'après la loi morale, et qu'il agisse également de la sorte »[161]. Autrement dit, c'est la contrainte selon laquelle chacun est appelé à juger ses propres actes d'après sa propre conscience. La contrainte de la conscience est pour Kant l'ultime contrainte. Une société dans laquelle les individus se comporteraient selon leur propre conscience deviendrait le *royaume de Dieu sur terre*. C'est le stade le plus élevé de la perfection morale humaine.

Ayant été façonné par la contrainte morale, le citoyen et singulièrement l'homme politique devient désormais outillé pour mieux poser des actions politiques désintéressées et donc en faveur de l'intérêt de tous. Une action politique, disait Patrice Canivez, « poursuit des buts à plus ou moins long terme et [...] elle est sanctionnée par le succès ou l'échec »[162]. Il y a échec, selon nous, lorsque l'action politique est menée en vue de la satisfaction d'un intérêt personnel ; et elle est couronnée de succès, lorsqu'elle est désintéressée, c'est-à-dire qu'elle vise le bien commun. Il s'agit d'une action en faveur de l'épanouissement de tous. Mais lorsque l'action ne vise que soi,

---

160 - *Idem*

161 -*Idem*, pp. 66-67.

162 - Patrice Canivez, *Qu'est-ce que l'action politique* ? Paris, Vrin, 2013, p. 16.

elle n'a que soi comme centre d'intérêt. Et le teste de la population est livré à son triste sort. Or l'institution du contrat originaire avait pour but de conduire, non pas quelques-uns, mais l'ensemble des contractants à une vie meilleure. Le succès ou l'insuccès de l'action politique nous permet de mettre en relief, chez Kant, l'existence d'une distinction, d'une part, entre le moraliste politique qui se constitue une morale œuvrant dans le sens de la réalisation des intérêts de l'homme d'Etat, et donc de l'intérêt individuel ; et d'autre part, le politique moral qui fait une lecture des principes de la prudence politique telle que ceux-ci puissent coexister avec la morale[163] et poursuivent une finalité noble telle que la réalisation de l'intérêt collectif. Kant récuse le premier et approuve le second. Le politique moral, affirme Norberto Bobbio, « représente pour Kant l'idéal du bon politique »[164]. Si le moraliste politique est celui qui accomplit une action politique sous l'emprise de ses passions, de ses désirs au point de faire de l'action politique, une action intéressée, en revanche, le politique moral agit conformément au devoir, c'est-à-dire selon une règle que la volonté se donne à elle – même et qui l'ordonne de poser une action politique désintéressée, autrement dit une action estampillée de moralité. Ceci nous conduit, d'ailleurs, à une autre des distinctions de Kant, celle qui existe entre impératif hypothétique et impératif catégorique. Mais examinons cette notion d'impératif. En effet pour la cerner, il importe d'évoquer une distinction intérieure à la classe des êtres raisonnables : les uns qui sont essentiellement raisonnables, et les autres dont la raison se joint à la sensibilité. Pour les premiers, c'est le cas de la volonté divine, leur volonté est considérée comme étant parfaite et n'a point besoin de contrainte, d'impératif. C'est ce que soutient Kant dans les termes suivants :

[163] - Kant, *Vers la paix perpétuelle*, trad. Jean-F. Poirier et Françoise Proust, Paris, Flammarion, 2006, p. 112.

[164] - Norberto Bobbio, *L'Etat et la démocratie internationale*, Bruxelles, éd. Complexe, 2001, p. 155.

> « Voilà pourquoi il n'y a pas d'impératif valable pour la volonté divine et en général pour une volonté sainte »[165].

Une telle volonté, la volonté sainte, est déterminée par la raison de manière infaillible, et se conforme donc aux lois raisonnables. Par contre, pour un être dont la volonté est liée à la sensibilité tel que l'homme, sa volonté demeure victime d'une double influence : celle de la raison et celle des affects. Un tel être dispose d'une liberté de choix. Il peut être amené à choisir autre chose que ce qui est pratiquement nécessaire, c'est-à-dire moralement bon. Pour une volonté de cette nature, la loi doit se présenter sous la forme d'un commandement. Et la formule du commandement dans la morale kantienne s'appelle précisément impératif. Il affirme :

> « Les impératifs sont seulement des formules qui expriment le rapport des lois objectives du vouloir en général à l'imperfection subjective de la volonté de tel ou tel être raisonnable, par exemple, de la volonté humaine »[166].

Georges Pascal abonde dans la même optique, celle d'une volonté humaine qui doit obéir à une contrainte, à un impératif :

> « La volonté n'obéit à la raison que contrainte par elle, et non, naturellement comme elle ferait si elle était pure. C'est pourquoi les lois de la raison apparaissent à la volonté comme des commandements, des impératifs. Une volonté parfaitement bonne, une volonté sainte ou la volonté divine par exemple, obéirait aux lois rationnelles sans être contrainte par elle ; ces lois ne seraient donc pas des impératifs. Pour une volonté humaine, au contraire, ces lois se présentent sous une forme impérative »[167]

L'impératif va donc se définir comme une contrainte s'appliquant à une volonté imparfaite et donnant à cette dernière

---

165 - Kant, *Fondements de la métaphysique des mœurs*, trad. Victor Delbos, Paris, Vrin, 1987, p.85.

166 - *Idem*

167 - Georges Pascal, *Pour connaître la pensée de Kant*, Paris, Bordas, 1971, p.122.

l'ordre de se déterminer par des règles et non par la sensibilité affective. Une loi qui s'impose à la volonté sans condition, ne peut que se poser indépendamment de tout contenu. Si, au contraire, cette loi avait un contenu, elle ramènerait l'impératif au rang d'impératif hypothétique. L'impératif hypothétique renvoie, dans ce cas, aux actions qui sont accomplis en suivant ses intérêts, ses désirs, ses inclinations ; sa sensibilité. C'est la détermination qui sied au moraliste politique. Car il se présente comme l'homme politique qui se focalise beaucoup plus sur les moyens de parvenir à ses propres fins (si tu veux ceci, fait cela). Dans ce sens, ces actions politiques sont intéressées. En revanche, la loi n'ayant pas de contenu est celle qui demeure universelle, celle qui n'a d'autre motif d'être obéie qu'elle-même. On parle alors d'impératif catégorique[168], l'impératif moral. Cet impératif fait penser aux actions accomplies par pur sentiment du devoir (la volonté y est alors désintéressée) au sens où nous n'agissons que par respect pour la loi et non par intérêt. C'est dans ce deuxième impératif que l'on peut ranger le politique moral. La loi à laquelle il doit se soumettre à chaque fois qu'il posera une action politique est celle qui, sans cesse, doit lui rappeler que le contrat originaire auquel tous ont adhéré et qui institue l'Etat recommande d'agir non pas pour soi, mais pour l'intérêt collectif. Le politique moral devient alors celui qui accorde plus d'importance aux principes moraux dans l'accomplissement de l'action politique qu'à toute autre considération subjective. Car le but de la politique est le bien commun. Ainsi, l'exigence de l'action politique obéit, non pas à un simple droit, mais beaucoup plus à un devoir : le devoir de justice. Ce qui revient à dire que la quête de la justice sociale dans un Etat à travers l'action politique relève d'un impératif, d'une

---

168 - Il n'est pas vain de rappeler que chez Kant, il n'y a qu'un seul impératif catégorique qui, possède cependant trois formulations différentes : « Agis uniquement d'après la maxime qui fait que tu peux vouloir en même temps qu'elle devienne une loi universelle », « Agis de telle sorte tu traites l'humanité aussi bien dans ta personne que dans la personne de tout autre toujours en même temps comme une fin, jamais simplement comme un moyen », « Agis selon des maximes qui puissent se prendre en même temps elles-mêmes pour objet comme lois universelles de la nature ». Cf. *Fondements de la métaphysique des mœurs*, Op.cit., pp. 94, 105, 116.

obligation. Certes, on ne peut parfaitement réaliser la justice sociale, mais l'on peut tout au moins, d'après Canivez, identifier les injustices à combattre ou les inégalités à réduire[169]. Et c'est ce rôle que nous voulons assigner aux dirigeants politiques actuels des Etats africains francophones, en leur montrant tout l'intérêt de se comporter non pas en oppresseurs ou en prédateurs de nos ressources, mais en pourvoyeurs de solutions idoines en vue du bien commun (actions politiques désintéressées) dans un continent où la gestion des Etats qui a été faite entre 1960 et 1990 a débouché, pour beaucoup, nous le répétons, sur une fracture sociale criarde opposant les démunis aux nantis dont les différentes fortunes amassées résultent d'un pillage de ressources de l'Etat.

2) - La justice sociale comme devoir des gouvernants

L'Etat républicain, au sens où Kant l'entendait, en tant qu'espace de sérénité, fondé sur le régime des protections des libertés individuelles et de l'égalité juridique des citoyens, avait été postulé pour permettre à l'homme de vivre la plénitude de son existence. C'est dans ce sens que l'état moderne a été conçu autour d'une exigence qui consistait à concevoir les conditions de possibilité de l'organisation de l'espace public en tant qu'espace débarrassé de l'usage de la violence sous toutes ses formes et des inégalités, excepté les avantages physiques que les uns ont plus que les autres(la force, les talents, etc.) et qui ne sont pas des mérites. Malheureusement, force est de constater que cet objectif n'a pas tenu toutes ses promesses. Et cet Etat est devenu un espace de tensions sociales et de confusions. Le continent africain pour sa part, après avoir suscité beaucoup d'espoirs au sortir des conférences nationales au début des années 90, a, lui aussi, basculé dans l'insécurité sociale. Les Etats secoués par la crise souffrent d'une incapacité à assurer la satisfaction des besoins fondamentaux des populations. Les gouvernements sont parfois illégitimes et impopulaires. Et pour se maintenir, les dirigeants s'appuient sur l'argument de la force en s'imposant par la violence. Autrement dit, ils ont recours aux

---

[169] - Patrice Canivez, *Qu'est-ce que l'action politique ?*, Op.cit., p. 20.

moyens de coercition peu recommandables pour substituer leur manque de légitimité. Dans ce type d'Etat, l'administration est défaillante. La justice, les forces de sécurité et de défense sont entre les mains d'individus à composante ethnique, clanique ou familiale et révèle par là la confiscation du pouvoir. Aussi, note-t-on, dans ces Etats, la présence des individus victimes de discrimination ou inégalitarisme, tels que les minorités. C'est cette somme des frustrations qui a conduit à l'éclatement des tensions entre les détenteurs des reines du pouvoir et le reste de la population. Et pour éviter que de tels conflits ne se répètent, il nous a paru important d'examiner la forme du régime politique à partir duquel les citoyens devraient être gouvernés. En effet, les participants aux différentes conférences nationales du début des années 90 avaient réclamé haut et fort la démocratisation de la vie politique d'autant que pour eux, la démocratie était synonyme de climat socio-politique apaisé. C'est d'ailleurs ce que soutient Bruce Russett :

> « Les démocraties ont des systèmes de valeur et des mécanismes institutionnels qui favorisent la résolution pacifique des conflits entre les groupes porteurs d'intérêts opposés »[170].

La démocratie apparaît ici comme le régime politique qui permet de juguler les tensions internes et d'instaurer la sérénité. Car avec un régime politique à base élective, et où les règles de la transparence sont réellement respectées, les personnes qui prennent les leviers de commande dans un Etat jouissent d'une légitimité populaire. Du coup, tout risque de contestation ou de tension est minimisé. Le gouvernement démocratique est donc celui où les citoyens ont la possibilité de prendre part, sur une base égale, à la vie politique de leur pays. Ainsi, la démocratie apparaît-elle comme le mode de gouvernement politique le plus désirable. Est-il nécessaire de rappeler que l'institution réclamée de la démocratie en Afrique était de nature à participer à la consolidation de l'état républicain. Et c'est cet Etat, reconfiguré

[170] - Bruce Russett, cite par Pierre de Senarclens, *La mondialisation, théories, enjeux et débats*, Paris, Armand Collin, 2001, 169.

politiquement, qui devrait favoriser l'essor des actions politiques à forte connotation sociale traduisant par là, l'avènement d'une véritable justice sociale. Par justice sociale, il faut entendre :

> « La justice instituée au sein d'une société politique, ou encore la justice en tant qu'elle qualifie les rapports de coopération sociale »[171].

Il s'agit d'un principe politique et moral fondée sur l'égalité des droits et sur la possibilité d'une distribution juste et équitable des richesses entre tous les membres de la communauté. Nous savons pertinemment que la société politique est faite de telle sorte que les individus se retrouvent englués dans un flux relationnel qui soit tel que chacun reçoive ce qui lui revient, laissant apparaître par là la dimension distributive de la justice. D'où, il ressort que la société politique est dans son essence une société de justice distributive, une société de répartition. Ce qui faire dire à Feriel Kandil que la société politique représente un vaste système de répartition des biens matériels et immatériels (tels que les droits, les devoirs, les honneurs, etc.) entre les personnes engagées dans la coopération sociale[172]. Cette idée de justice dans sa dimension distributive peut aussi se laisser appréhender dans l'œuvre de Kant telle que la *Doctrine du droit*. En effet, les notions du « mien » et du « tien »[173] sont révélateurs d'une mise en lumière du principe de répartition des biens et donc de justice distributive. Selon Chalanouli[174], l'état civil kantien est postulé en termes d'espace de réalisation de la justice. Car pour exister dans cet état politique, l'individu se voit obliger, avant d'agir, d'observer le droit d'autrui, mon droit, c'est-à-dire le mien. Or, le mien chez Kant « est ce à quoi je suis lié de telle sorte que l'usage qu'un autre pourrait en faire sans mon consentement me lèserait »[175]. Pour éviter donc de me

---

171 - Feriel Kandil, *Fondements de la justice*, Paris, P.U.F, 2012, p.29.
172 - *Idem*
173 - Kant, *D.D*, §4.
174 - Christina Chalanouli, *Kant et Dworkin. De l'autonomie individuelle à l'autonomie privée et publique*, Paris, L'Harmattan, 2010, p. 23.
175 - Kant, *DD*, §1.

léser, parce que le but de l'institution de la société politique est le mieux-vivre ensemble, autrui est tenu de respecter ce qui m'appartient en propre, c'est-à-dire ma possession. De la même manière, je me dois de ne point interférer dans la sienne sans son consentement au risque aussi de léser. Ce respect mutuel des possessions, c'est-à-dire du « mien » et du « tien » constitue une caractéristique fondamentale d'une société politique régie par le droit et où règne la justice distributive. Feriel Kandil s'inscrit dans la même perspective en affirmant qu'il s'agit d'une « société dans laquelle la part de biens sociaux que chacun reçoit est le dû qui lui revient, et tous les membres de la société le reconnaissent et l'acceptent également et librement »[176]. Ainsi, de ce qui précède se dégage le rapport entre droit et justice. Ce rapport est tel que, c'est le droit qui institue la justice. Olivier Dekens qui souscrit à cette idée de rapport entre droit et justice parle de « soumettre la justice au droit, seul à même de garantir l'égalité citoyenne et la réciprocité des devoirs »[177]. Il y a, de ce fait, lieu de convenir que la présence du droit traduit inévitablement l'existence de la justice. Les deux notions sont donc liées. C'est ce qui laisse dire à Chalanouli, parlant de la justice dans l'état politique kantien organisé autour du droit, que « quand l'homme entre dans une structure étatique gérée par le droit civil, il entre automatiquement dans une construction régie par la justice »[178]. La justice est ce qui permet d'engendrer le mieux-vivre ensemble, le mieux-être. Toutefois, ce mieux-être ne peut être perceptible, dans nos Etats africains francophones actuels, que si les gouvernants consentent des efforts particuliers -ce qui relève de leur devoir- visant à garantir aux populations un meilleur accès à un emploi décent ; un meilleur accès aux soins de santé ; un meilleur accès à l'éducation ; un meilleur accès à un logement social fiable; un meilleur accès aux produits alimentaires de base. Si ces *minima* matériels d'amélioration des conditions de vie des populations sont réunis, on pourra alors conclure à l'effectivité de la justice

---

[176] - Feriel Kandil, *Fondements de la justice*, Op.cit., p. 37.

[177] - Olivier Dekens, *Le devoir de justice*, Paris, Armand colin, 2004, p.10.

[178] - Christina Chalanouli, *Kant et Dworkin. De l'autonomie individuelle à l'autonomie privée et publique*, op.cit., p. 23.

distributive. Ces conditions basiques d'existence sont également évoquées par John Rawls selon une conception dite égalitariste, celle qui implique l'Etat assurant à tout un chacun l'égal accès aux ressources de base, aux besoins primaires, c'est-à-dire aux biens qui sont nécessaires à tout citoyen démocratique, quel que soit son projet de vie. On peut citer entre autres besoins, celui de se nourrir, de se loger, de s'exprimer librement, de voter, etc[179]. Dans beaucoup d'Etats africains francophones, tout comme en occident d'ailleurs, certains de ces besoins de base ne sont toujours pas arrivés à saturation. C'est le cas de celui relatif au logement. En effet, ici comme ailleurs, la crise du logement se pose avec acuité. Au Gabon, par exemple, les nouvelles autorités avaient promis, dès 2009, la construction de cinq milles logements par an et sur sept ans afin de résorber le déficit. Cette promesse a-t-elle été tenue ? Rien n'est moins sûr. Mais toujours est-il qu'à l'épreuve des faits, des efforts considérables sont consentis dans ce sens comme en témoignent les multiples villas qui sortent de terre au nord de Libreville et qui sont l'œuvre de la Société nationale immobilière (SNI) du Gabon et d'une entreprise turque spécialisée dans le bâtiment. Il est donc du devoir des gouvernants dans nos Etats africains francophones d'initier, plus que par le passé, des actions politiques désintéressées qui tiennent compte des besoins réels des populations afin que triomphe le principe de justice sociale cher au républicanisme.

Outre la recherche de la satisfaction des besoins fondamentaux, les Etats africains francophones doivent faire face à un type nouveau de revendications, particulièrement celles en rapport avec les mouvements écologiste et féministe. En effet l'état républicain, que ce soit en Afrique comme ailleurs, doit épouser la cause écologiste. Les écologistes ne devraient pas considérer cet Etat comme totalement étranger ou encore peu réceptif à leurs préoccupations, mais plutôt comme un espace de résolution de leurs revendications essentielles. L'Etat républicain, dira

---

179 - John Rawls cité par Feriel Kandil, *Fondements de la justice*, Op.cit., p. 33.

Philip Pettit, « devrait donc être un régime où les écologistes se sentiront chez eux »[180].

Quant au mouvement féministe, il procède d'une longue lutte d'émancipation pour les droits de la femme. En Afrique, jusqu'à un passé relativement récent, la femme était reléguée au second plan et soumise à la volonté arbitraire de l'homme. Mais avec le féminisme, émerge un nouvel idéal :

> « L'idéal selon lequel les femmes n'auraient plus à vivre en obéissant au doigt et à l'œil à leur mari ou à leur père – c'est-à-dire l'idéal qui consiste à ne pas demander à ceux-ci la permission d'agir ni à gagner leur faveur »[181].

Il ressort de là que l'objectif poursuivi par le mouvement féministe ou le féminisme est de mettre un terme à la domination des hommes sur la gente féminine. Il s'agit pour les femmes d'affirmer leur autonomie existentielle et de réclamer les mêmes droits que les hommes, et donc une meilleure justice sociale. Mais en dépit, de nos jours, des progrès réalisés dans ce sens, notamment avec l'approche genre qui établit une équité entre l'homme et la femme du point de vue des attributions des charges dans les administrations publiques, il est à noter que beaucoup reste à faire sur ce front car les préjugés n'ont pas totalement disparu de la conscience collective. Ainsi, la femme est-elle victime d'un manque de considération qui n'est pas tant due à une survivance d'idées préconçues. Philip Pettit déclare dans le même sens :

> « Les femmes demeurent exposées à une forme particulière de vulnérabilité dans beaucoup de foyers, sur les lieux de travail et dans les rues de nombreuses villes. Cette vulnérabilité n'est pas tant l'effet de capacités physiques moindres que d'un ensemble de préjugés profondément en-

---

180 - Philip Pettit, *Républicanisme, une théorie de la liberté et du gouvernement,* op.cit., p. 181.
181 - *Idem*, p. 182.

racinés sur le rôle des femmes, […] et sur ce qu'une femme recherche si elle marche seule dans la rue la nuit »[182].

Sur les lieux de travail, ce que nous constatons, c'est qu'elles sont parfois victimes d'harcèlement sexuel ; et lorsqu'on les voit seules dans la rue, on leurs prête des intentions et elles sont tournées en dérision. L'Etat ne doit donc pas organiser la société en tenant plus compte de la classe dominante, mais devait aussi faire un effort à l'endroit des minorités ou des démunis. Sur ce, il n'est pas vain de penser qu'une société est juste si elle prend en compte toutes ses composantes.

182 - Philip Pettit, *Républicanisme, une théorie de la liberté et du gouvernement,* op.cit., p. 184.

CONCLUSION GENERALE : la tolérance dans l'espace politique républicain

Au terme de ce travail, nous retiendrons pour l'essentiel que l'examen du républicanisme dans la perspective kantienne a permis de prendre comme point de départ de l'analyse l'Etat, l'Etat conçu selon son idée, c'est-à-dire l'Etat qui émerge avec l'adoption du contrat originaire. Cet Etat, surtout lorsqu'il se fonde sur la constitution républicaine, rassemble - c'est d'ailleurs son devoir- les conditions politiques et sociales de la réalisation du principe du mieux-vivre ensemble. Malheureusement, l'organisation politique en Afrique francophone entre 1960 et 1990 a dérogé à ce principe au point de faire apparaître des disparités ayant conduit à une crise sociale. Comme entre autres solutions pour juguler la crise, on a retenu l'idée d'une meilleure justice sociale.

Evoquer l'Etat selon son idée, c'est aussi mettre en exergue le principe de tolérance, d'autant que le mieux-vivre ensemble sous-tend l'idée de tolérance. En filigrane de la tolérance se trouve la notion de liberté. Car tolérer quelqu'un c'est laisser libre cours à l'expression de ses opinions alors même qu'on ne les partage pas; c'est accepter l'autre dans la différence ; c'est donc reconnaître en lui une dignité et avoir à son égard du respect. De cette reconnaissance, naît la cohésion sociale, l'union de tous les membres de la société certes, mais une union dans la diversité. En toute rigueur, la notion de tolérance surgit là où le respect et l'acceptation de la différence ne vont pas de soi. Car si toutes les convictions (religieuses, politiques) et tous les comportements étaient sous-tendus par une valeur reconnaissable universellement, alors il n'y aurait rien à tolérer, d'autant que le respect s'imposerait de lui-même. En revanche, l'humanité étant éclatée en cultures différentes, et les peuples se caractérisant naturellement par leur diversité, il suit de là que seule la tolérance peut assurer la survie des communautés mixtes dans chaque région du globe et favoriser la cohésion, gage de la société politique républicaine.

La théorisation de l'espace républicain, en tant qu'espace de paix et de tolérance est à mettre au crédit des penseurs politiques, tels que ceux se réclamant du courant contractualiste. En effet, et en dépit des oppositions internes à ce courant, les contractualistes ont apporté, pour l'ensemble de la pensée politique, l'idée selon laquelle l'environnement sécuritaire se construit rationnellement, par la volonté humaine et apparaît comme rempart contre l'insécurité et la haine qui excluaient pour l'homme les conditions de sa sûreté et même de sa survie. Il leur fallait créer un espace pour atteindre ce dessein : l'Etat. C'est ici que les particularités sont appelées à fusionner afin de former une cohésion. Cette cohésion apparaît comme le résultat d'une union réciproque entre l'individu et le groupe, d'une part ; et d'autre part, entre le groupe et l'individu. Or, cette posture que revêt l'individu aurait été impossible dans l'état de nature d'autant que cet espace, en ceci qu'il est régi par le conflit, exclut la tolérance et proscrit le respect de l'autre. Car « même si les hommes étaient tous de bonne volonté, la diversité des opinions les jetterait dans les violences réciproques »[183]. La diversité des opinions traduit bien, par exemple chez Kant, un facteur de désaccord. En revanche, le lieu qui permet de réaliser l'union de la diversité des opinions, le lieu où les hommes deviennent tolérants est cet espace régi par la constitution républicaine qui sert de fondement à la construction de l'état démocratique dont l'une des vocations est de prescrire le respect de la différence. La tolérance n'a donc de sens et de pertinence que parce qu'elle s'entend comme l'expression d'un consensus entendu de façon dynamique et pluraliste, c'est-à-dire fondé sur l'acceptation de la diversité dans l'unité et de l'unité dans la diversité[184]. Autrement dit, l'individu accorde la liberté d'opinion et de croyance à un groupe dont les vues ne rencontrent pas son assentiment ; dans le même temps, le groupe agit par la réciprocité à l'égard de l'individu. Ce double mouvement entre l'individu et le groupe, et entre le groupe et

---

183 - Monique Castillo, *Kant et l'avenir de la culture*, Paris, puf, 1990, p. 295.

184 - Sémou Pathé Gueye, « De l'exclusion à la communication : plaidoyer pour la tolérance politique », in *Démocraties africaines*, n°9, Dakar, 1997, p.61.

l'individu forme l'unité dans la diversité ou la diversité dans l'unité.

L'intérêt de la tolérance réside là où s'affrontent les croyances dans leur multiplicité. Si les croyances étaient des savoirs, elles engendreraient l'accord des esprits rationnels. En revanche, en tant que ce qui relève de l'imaginaire, ces croyances se révèlent être le lieu du différend entre les hommes et de leur cortège d'atrocités. Le conflit du Rwanda, entre deux communautés ethniques, Tutsi et Hutu, constitue une illustration qui nous rappelle sans cesse la fragilité d'un équilibre sous –tendu par la tolérance et qui peut, à tout moment, faire basculer l'espace public dans l'insécurité. Mais pour préserver l'humanité de la déchéance, les penseurs politiques ont mis en exergue l'idée de tolérance. Elle est présentée comme l'expression d'un dépassement conflictuel des croyances et autres convictions de tout ordre. Il s'agit de comprendre et d'admettre que chaque croyance doit répandre autour d'elle non pas la haine mais la tolérance. La tolérance est alors appréhendée comme un remède apporté aux drames humains engendrés par le conflit des opinions. Toutefois, il importe de comprendre que les différents membres associés occupant l'espace public sont loin d'être tous des hommes de pure raison. Car le conditionnement ethnique (le cas de l'Afrique), la particularité des intérêts et la puissance des affects ont une influence non négligeable sur le libre exercice du moi individuel. Ce qui laisse entrevoir l'existence de potentiels conflits sociaux. D'où, tout l'intérêt accordé à la tolérance en tant que moyen de la cohésion sociale dans l'Etat républicain.

Si la philosophie politique est liée au problème de l'éducation, il va de soi que la notion de tolérance, en ceci qu'elle est présente dans le débat politique, doit intégrer la perspective éducative. En effet, la tolérance, en tant que vertu, doit être enseignée aux plus jeunes à l'école primaire ou dans les lycées afin que chaque enfant comprenne que ses propres croyances, celles de ses parents qui lui sont transmises à la maison, ses propres convictions, bref, sa propre culture ne peut se rendre comme l'unique détentrice de l'espace public au point de bannir les autres croyances. Car celles-ci ont également leur place dans cet espace et méritent reconnaissance et respect. On peut donc dire de la tolérance qu'elle est le principe de la relativisation de sa propre conviction dans le but de voir émerger la conviction de l'autre dans son droit à être reconnue et partagée. La tolérance apparaît alors comme une nécessité politique favorisant la coexistence pacifique des communautés au sein d'un Etat se fondant sur la constitution républicaine.

BIBLIOGRAPHIE

I) – Ouvrages de Kant

- *Anthropologie du point de vue pragmatique*, trad. Alain Renaut, Paris, Flammarion, 1993

- *Doctrine du droit, Doctrine de la vertu*, trad. Alain Renaut, Paris, Flammarion, 1994

- *Fondements de la métaphysique des mœurs*, trad. Victor Delbos, Paris, Vrin, 1987

- *La Religion dans les limites de la simple raison*, Paris, Vrin, 1943.

- *Opuscules sur l'histoire*, Trad. Stéphane Piobetta, Paris, Flammarion, 1990

- *Réponse à la question qu'est-ce que les Lumières ?* , traduit de l'allemand par Françoise Proust, Paris, Flammarion, 2006

- *Sur le caractère de l'humanité en général*, traduit de l'allemand par Philippe Ivernel, Paris, éd. Payot et Rivages, 2006

- « Réflexions sur l'anthropologie », Cf. Monique Castillo, *Kant et l'avenir de la culture*, Paris, P.U.F. 1990

- « Réflexions sur la philosophie du droit », Cf. Monique Castillo, *Kant et l'avenir de la culture*, Paris, P.U.F. 1990

« Réflexions sur la philosophie morale », Cf. Monique Castillo, *Kant et l'avenir de la culture*, Paris, P.U.F. 1990

- *Théorie et pratique*, trad. Françoise Proust, Paris, Flammarion, 1994

- *Vers la paix perpétuelle* , trad. Jean-F. Poirier et Françoise Proust, Paris, Flammarion, 2006.

II) – Ouvrages sur Kant

- ARENDT Hannah, *Juger sur la philosophie politique de Kant*, Paris, éd. du Seuil, 1991

- BOURGEOIS Bernard, « République et représentation chez Kant », in *L'ANNEE 1795. KANT, ESSAI SUR LA PAIX*, Paris, Vrin, 1997

- CASTILLO Monique : *Kant et l'avenir de la culture*, Paris, puf, 1990

- CHALANOULI Christina : *Kant et Dworkin. De l'autonomie individuelle à l'autonomie privée et publique*, Paris, L'Harmattan, 2010

- GOYARD-FABRE Simone, *Kant et le problème du droit*, Paris, Vrin, 1975

- LOSURDO Domenico : *Autocensure et compromis dans la pensée politique de Kant*, Presses universitaires de Lille, trad. J-M. Bué, Lille, 1993

- PASCAL Georges, *Pour connaître la pensée de Kant*, Paris, Bordas, 1971

- PHILONENKO Alexis : *Kant, Réflexions sur l'éducation*, Paris, Vrin, 2004

- NDIAYE Aloyse-Raymond : « L'essai de Kant sur la paix et l'expérience de démocratisation en Afrique » in *L'ANNEE 1795. KANT, ESSAI SUR LA PAIX*, Paris, Vrin, 1997

- RAULET Gérard, *Kant, histoire et citoyenneté*, Paris, P.U.F, 1996

- RENAUT Alain : *Kant aujourd'hui*, Paris, Flammarion, 1999

- TOSEL André : *Kant révolutionnaire, droit et politique*, Paris, P.U.F, 1988

- WALTZ Kenneth, « Kant, la démocratie et la paix », in *L'ANNEE 1795. KANT, ESSAI SUR LA PAIX*, Paris, Vrin, 1997

III) – Autres ouvrages

- AURACHER Tim : *Le Gabon, une démocratie bloquée ? Recul et avancées d'une décennie de lutte*, Paris, L'Harmattan, 2001

- BARON Franck : *Les institutions de la France*, Paris, La documentation française, 4e édition, 2013

- CANIVEZ Patrice, *Qu'est-ce que l'action politique* ? Paris, Vrin, 2013

- DEKENS Olivier, *Le devoir de justice*, Paris, Armand colin, 2004

- De Senarclens Pierre, *La mondialisation, théories, enjeux et débats*, Paris, Armand Collin, 2001

- FERIEL Kandil, *Fondements de la justice*, Paris, P.U.F, 2012

- FODJO KADJO ABO : *La pratique de la terreur au nom de la démocratie*, Paris, L'Harmattan, 2009

- FUKUYAMA Francis : *La fin de l'histoire et le dernier homme*, traduit de l'anglais par Denis- Armand Canal, Paris, Flammarion, 1992.

- GUEYE Sémou Pathé, « De l'exclusion à la communication : plaidoyer pour la tolérance politique », in *Démocraties africaines*, n°9, Dakar, 1997,

- LAQUEUR Walker et BARRY Rubin : *Anthologie des droits de l'homme*, Paris, Nouveaux Horizons, 2002

- LAVROFF Dmitri Georges : *Les systèmes constitutionnels en Afrique noire : les Etats francophones*, Paris, Pedone, 1976

- LINIGER-GOUMAZ (Max) : *ONU et dictatures. De la démocratie et des droits de l'homme*, Paris, L'Harmattan, 1984

- MARX (Karl) : « La Question juive », in *Philosophie*, Paris, Gallimard, 1994.

- MONTESQUIEU : *De l'esprit des lois,* Paris, Editions Garnier, 1956

- NDOMBET Wilson-André : *Renouveau démocratique et pouvoir au Gabon (1990-1993)*, Paris, Karthala, 2009

- RENAUD DENOIX de Saint Marc : *L'État*, Paris, puf, 2012

- ROUSSEAU : 1) *Discours sur l'origine et les fondements de l'inégalité parmi les hommes*, Paris, éd. de poche Brodard et Taupin, 1996

2) Œuvres complètes, *IV Emile*, La pléade, 1969

Philosophie

aux éditions L'Harmattan

Dernières parutions

ALAIN BADIOU
Vivre en immortel
Vinolo Stéphane
À la différence de penseurs comme Deleuze ou Derrida, Alain Badiou est un philosophe classique, cherchant à apporter des réponses aux questions les plus anciennes de la philosophie. Pour Badiou, la philosophie n'est plus au coeur du processus de production des vérités. Toute la pensée de Badiou nous enjoint donc à cesser d'être des animaux humains pour devenir des sujets, à ne plus survivre à l'aune de nos seuls intérêts, pour vivre pleinement, c'est-à-dire, vivre enfin comme des immortels.
(Coll. Ouverture Philosophique, 20.00 euros, 196 p.)
ISBN : 978-2-343-05087-4, ISBN EBOOK : 978-2-336-36612-8

CENT MILLIONS D'ORGASMES
Essai sur la pornographie
Rubino Francesco
La pornographie sera l'un des objets les plus invasifs des réglementations morales à venir. Aux positions naïves (M. Marzano) et aux reconstructions puristes (C. MacKinnon) et relativistes (M. C. Nussbaum, L. Williams), ce «pornouvrage» oppose le sens authentique de cette anomie érotique : le sens d'un corps opprimé qui, pourtant, pornographiquement écrit (A. J. Magliacane) et se resymbolise dans un cri (P. Pat Califia) ou se désymbolise dans un fantasme (Ch. Ackerman, E. Lemoine-Luccioni).
(Coll. Ouverture Philosophique, série Arts vivants, 24.00 euros, 240 p.)
ISBN : 978-2-343-05144-4, ISBN EBOOK : 978-2-336-36662-3

COURT TRAITÉ D'ONTOLOGIE
Bouvier Pascal
Pourquoi existons-nous ? Est-ce que nous existerons après la mort ? Autant d'interrogations profondément humaines qui sont prises en charge par la philosophie. Au sein de celle-ci, une discipline spécifique se consacre à la question de l'être : l'ontologie. Elle semblait tombée en désuétude et dans l'oubli depuis les critiques sévères de certains courants philosophiques. Ce traité tente de saisir les grandes lignes de cette histoire de l'être.
(Coll. Ouverture Philosophique, 14.50 euros, 148 p.)
ISBN : 978-2-343-04094-3, ISBN EBOOK : 978-2-336-36722-4

CRITIQUE (LA) RADICALE DE L'ARGENT ET DU CAPITAL CHEZ LE DERNIER-MARX
Matériaux pour une refondation du marxisme
Bayer Philippe
Ce livre s'inscrit dans une réflexion sur la Critique radicale associée à ce qu'on peut appeler le Dernier-Marx. Ce Dernier-Marx, on peut le lire dans l'édition française du *Capital* en un repositionnement de Marx, venant problématiser sa pensée objective précédente, qui réceptionnait un donné du mode de production capitaliste pour l'interpréter comme un donné de l'histoire. À cette entreprise ruineuse pour le mouvement ouvrier, le Dernier-Marx substitue une problématique radicalement subjective à partir d'une ontologie de l'identité vitale.
(Coll. Ouverture Philosophique, 25.00 euros, 248 p.)
ISBN : 978-2-343-04705-8, ISBN EBOOK : 978-2-336-36730-9

DÉCONSTRUCTION PHÉNOMÉNOLOGIQUE ET THÉOLOGIQUE DE LA MODERNITÉ OCCIDENTALE
Awazi Mbambi Kungua Benoît
Le puissant travail de déconstruction phénoménologique et théologique de la modernité occidentale fait apparaître l'autisme épistémologique qui caractérise son horizon de la Mathesis Universalis à la base de ses productions scientifiques, techniques, athées, consuméristes et médiatiques. À travers cet ouvrage, l'auteur opère un puissant tournant prophétique, mystique et thérapeutique de la théologie négro-africaine de la libération holistique, échappant ainsi aux schèmes idéologiques et politiques des théologies occidentales frappées d'obsolescence.
(33.00 euros, 320 p.)
ISBN : 978-2-343-03719-6, ISBN EBOOK : 978-2-336-36791-0

ÉVEIL BOUDDHIQUE ET CORPORÉITÉ
Marcel Antoine
«Voir dans sa propre nature», dans le bouddhisme zen, est une expression convenue qui désigne l'éveil. Pourquoi, et comment ? Observant l'importance première donnée au corps dans la pratique méditative, la mise à l'écart de la noèse, l'auteur, s'appuyant sur les développements de la pensée phénoménologique à la suite de Maurice Merleau-Ponty, tente une investigation de l'éveil bouddhique.
(Coll. Ouverture Philosophique, 12.00 euros, 108 p.)
ISBN : 978-2-343-05191-8, ISBN EBOOK : 978-2-336-36785-9

PROBLÈME (LE) KANTIEN DE L'ÉTHIQUE
Habiter le monde
Gaudet Pascal
La philosophie critique de Kant peut être interprétée comme une éthique, qui signifie non pas seulement l'impératif de la vertu, mais l'exigence d'une réalisation du souverain Bien en l'homme et dans le monde. Ce livre montre comment la recherche d'un passage de la liberté à la nature fonde le projet d'une « habitation » du monde et permet de penser le sens éthique de la philosophie en ses domaines théorique et pratique.
(Coll. Ouverture Philosophique, 12.00 euros, 110 p.)
ISBN : 978-2-343-05328-8, ISBN EBOOK : 978-2-336-36702-6

RACINE (LA) DE LA LIBERTÉ
Urvoy François
À l'issue d'un siècle qui a vu le plus grand écrasement des hommes et des peuples et en ce début qui en prend bien le relais, les préoccupations de liberté ont pris une urgence plus grande et plus sensible. Les investigations obtiennent jusqu'ici des résultats très décevants car elles s'attachent aux moyens externes sans jamais chercher qui et surtout comment on sera en mesure de les produire et de les mettre en œuvre. Il s'agit, ici, de remonter à la racine de la question : ce qui dépend de nous, ce que nous pouvons par nous-mêmes dans un monde qui nous produit et nous conduit.
(Coll. Ouverture Philosophique, 27.00 euros, 258 p.)
ISBN : 978-2-343-03005-0, ISBN EBOOK : 978-2-336-36731-6

SYMBOLIQUE (LE) ET LE TRANSCENDANTAL
Verley Xavier
Ce livre part du différend qui a opposé Frege et Husserl à propos du psychologisme. Comment ces deux pensées tournées vers une réflexion sur l'arithmétique ont-elles pu parvenir à deux conceptions si différentes de la logique ? Il est apparu qu'il s'agissait d'évaluer l'idée de représentation qui est au cœur du problème. Ainsi, faut-il se (re)présenter pour penser ou y a-t-il la place pour une pensée symbolique et aveugle ?
(Coll. Ouverture Philosophique, 30.00 euros, 294 p.)
ISBN : 978-2-343-02833-0, ISBN EBOOK : 978-2-336-36557-2

CRITIQUE ET ÉMANCIPATION
Recherches foucaldiennes sur la culture arabe contemporaine
Beghoura Zouaoui - Préface de Jacques Poulain
Cet ouvrage utilise les pensées de Michel Foucault dans la culture arabe. Il joint à une histoire socio-politique de cette culture une critique qui vise à y établir les conditions d'une émancipation réelle, indépendante de l'actualité brûlante qui semble la rendre aujourd'hui impossible. Cette expérience de critique socio-politique développe en effet les critères d'une émancipation intellectuelle qui conditionne toute émancipation sociale.
(Coll. La philosophie en commun, 17.00 euros, 176 p.)
ISBN : 978-2-343-04092-9, ISBN EBOOK : 978-2-336-36304-2

DU FÉMINISME DANS L'ŒUVRE DE MICHEL FOUCAULT
A demain le bon sexe
Essai
Sastre Danièle
«Le sexe, disait Foucault, ça s'administre, la sexualité, ça se subit ; quant à la sensualité, elle est chaque jour à inventer.» L'auteur a voulu rouvrir le dossier, emprunter les chemins qu'il a tracés en 1976 en écrivant son Histoire de la sexualité, qui est l'histoire des discours sur la sexualité, eux-mêmes histoire des corps investis par le pouvoir.
(27.00 euros, 268 p.)
ISBN : 978-2-343-04763-8, ISBN EBOOK : 978-2-336-36305-9

GASTON BACHELARD, UNE POÉTIQUE DE LA LECTURE

Buse Ionel

L'éthique bachelardienne est une éthique simple, mais pas du tout simpliste : l'homme du théorème est complété par l'homme du poème. Mais, si l'éthique est une direction de la pensée qui doit maîtriser notre avenir, la poétique est la source ontologique de cette pensée. C'est-à-dire la liberté de rêver doit être à l'origine de la liberté créatrice de la pensée ou de l'homme des théorèmes. En fait, il ne s'agit pas d'une éthique fermée dans les modèles artificiels d'une pensée techniciste, mais toujours d'une éthique soutenue, à l'origine, par une poétique de la pensée ouverte.

(Coll. Ouverture Philosophique, 16.50 euros, 160 p.)

ISBN : 978-2-343-04292-3, ISBN EBOOK : 978-2-336-36292-2

HOMME (L') EST-IL UN ANIMAL POLITIQUE ?
Physique de la misanthropie, entre littérature et philosophie

Ainseba Tayeb

Le compartimentage disciplinaire hérité du XIXe siècle pousse à opposer les intentions esthétiques de la littérature au chemin vers la vérité que serait la philosophie. Cette opposition nie la possibilité d'une philosophie littéraire tant que, réduite à un dogme, elle n'est pas critiquée. Ce livre, plutôt que d'opposer la littérature et la philosophie, raconte ce qui les rapproche en prenant un thème qui leur est commun, celui de la misanthropie.

(30.00 euros, 298 p.)

ISBN : 978-2-343-04870-3, ISBN EBOOK : 978-2-336-36346-2

LOGIQUE ET RHÉTORIQUE SELON CHAÏM PERELMAN
ou le jugement partagé – L'éloquence de la raison

Melcer Jean-François

Des trois volets de l'oeuvre de Chaïm Perelman – la philosophie du droit, l'éthique et la logique – le troisième est le moins connu. Les précédents tomes de *L'éloquence de la raison* ont mis l'accent sur les deux premiers. Il s'agit, à présent, d'expliciter les conditions épistémologiques de possibilité de la nouvelle rhétorique, conçue comme logique argumentative, non comme technologie persuasive.

(Coll. Ouverture Philosophique, 31.00 euros, 304 p.)

ISBN : 978-2-343-04209-1, ISBN EBOOK : 978-2-336-36286-1

MERLEAU-PONTY - FREUD ET LES PSYCHANALYSTES

Le Baut Hervé

Le parcours de Maurice Merleau-Ponty ne peut se comprendre sans le fil rouge de la Psychanalyse : dès sa thèse, il restaure le primat de la perception et du corps sexué à la lumière de Freud et de Binswanger. A la Sorbonne, il renouvelle la Psychologie de l'enfant en y intégrant M. Klein, J. Lacan et F. Dolto. Au Collège de France plusieurs cours font des rêves et de la libido une dimension inéluctable de l'humain. De nombreux psychanalystes et psychiatres se sont « laissés interroger par lui « : citons : H. Ey, A. Hesnard, P. Fédida, A. Green, J. Laplanche, J.-B. Pontalis, Luce Irigaray…

(Coll. Ouverture Philosophique, 24.00 euros, 296 p.)

ISBN : 978-2-343-04080-6, ISBN EBOOK : 978-2-336-36381-3

L'HARMATTAN ITALIA
Via Degli Artisti 15; 10124 Torino

L'HARMATTAN HONGRIE
Könyvesbolt ; Kossuth L. u. 14-16
1053 Budapest

L'HARMATTAN KINSHASA
185, avenue Nyangwe
Commune de Lingwala
Kinshasa, R.D. Congo
(00243) 998697603 ou (00243) 999229662

L'HARMATTAN CONGO
67, av. E. P. Lumumba
Bât. – Congo Pharmacie (Bib. Nat.)
BP2874 Brazzaville
harmattan.congo@yahoo.fr

L'HARMATTAN GUINÉE
Almamya Rue KA 028, en face
du restaurant Le Cèdre
OKB agency BP 3470 Conakry
(00224) 657 20 85 08 / 664 28 91 96
harmattanguinee@yahoo.fr

L'HARMATTAN MALI
Rue 73, Porte 536, Niamakoro,
Cité Unicef, Bamako
Tél. 00 (223) 20205724 / +(223) 76378082
poudiougopaul@yahoo.fr
pp.harmattan@gmail.com

L'HARMATTAN CAMEROUN
BP 11486
Face à la SNI, immeuble Don Bosco
Yaoundé
(00237) 99 76 61 66
harmattancam@yahoo.fr

L'HARMATTAN CÔTE D'IVOIRE
Résidence Karl / cité des arts
Abidjan-Cocody 03 BP 1588 Abidjan 03
(00225) 05 77 87 31
etien_nda@yahoo.fr

L'HARMATTAN BURKINA
Penou Achille Some
Ouagadougou
(+226) 70 26 88 27

L'HARMATTAN SÉNÉGAL
10 VDN en face Mermoz, après le pont de Fann
BP 45034 Dakar Fann
33 825 98 58 / 33 860 9858
senharmattan@gmail.com / senlibraire@gmail.com
www.harmattansenegal.com

L'HARMATTAN BÉNIN
ISOR-BENIN
01 BP 359 COTONOU-RP
Quartier Gbèdjromèdé,
Rue Agbélenco, Lot 1247 I
Tél : 00 229 21 32 53 79
christian_dablaka123@yahoo.fr

Achevé d'imprimer par Corlet Numérique - 14110 Condé-sur-Noireau
N° d'Imprimeur : 122133 - Dépôt légal : octobre 2015 - *Imprimé en France*